高等院校艺术理论课程考

外国美术史（全彩版）

HISTORY OF FOREIGN ART

主编 张玉花 王树良

重庆大学出版社

图书在版编目（CIP）数据

外国美术史 ：全彩版 / 张玉花，王树良主编. --
重庆：重庆大学出版社，2015.9（2021.11重印）
（高等院校艺术理论课程考试必备）
ISBN 978-7-5624-9172-9

Ⅰ．①外… Ⅱ．①张… ②王… Ⅲ．①美术史—国外
—矼究生—入学考试—自学参考资料 Ⅳ．①J110.9

中国版本图书馆CIP数据核字（2015）第128343号

高等院校艺术理论课程考试必备
外国美术史（全彩版）
WAIGUO MEISHUSHI
主编 张玉花 王树良
策划编辑：张菱芷

责任编辑：张菱芷 版式设计：张菱芷
责任校对：谢 芳 责任印制：赵 晟

*

重庆大学出版社出版发行
出版人：饶帮华
社址：重庆市沙坪坝区大学城西路21号
邮编：401331
电话：（023）88617190 88617185（中小学）
传真：（023）88617186 88617166
网址：http://www.cqup.com.cn
邮箱：fxk@cqup.com.cn（营销中心）
全国新华书店经销
重庆俊蒲印务有限公司印刷

*

开本：787mm×1092mm 1/16 印张：10.75 字数：167千
2015年9月第1版 2021年11月第7次印刷
ISBN 978-7-5624-9172-9 定价：48.00元

编委会

编者的话

这是一套专为大学生应对各类艺术理论课程考试获取高分而编写的备考用书，在编写思路上，我们本着"一切为考取高分"的宗旨进行。

梳理重点必考知识点：摒除一般艺术史论参考书目或指定教材复杂冗长的叙述，综合汇编所有权威考试教材重点的、必考的知识点。

最大化降低记忆强度：精简实用，字字要点，条目排列，让考生把有限的时间与精力投入到最需要的地方；花最少的时间，得最高的分数。

分层级标注重要考点：汇总各高校考试重点和核心要点，并以★做专门提示，让考生一眼就能发现核心考点所在；对于这些标注处，考生要优先并投入更多精力复习。

按记忆线索归纳考点：归纳众多有联系的考点，让考生按照时间线索或逻辑线索在联系和比较中牢记考点，实现考前突击高效背诵。

多图像辅助强化记忆：对于重要考点都辅以多张图片，艺术考生擅长的形象思维在备考时能够充分施展，复习效果更是事半功倍。

多作答拓宽解题思路：对一部分题目给了几种不同的答案，或者对相同问题提供几种不同的问法，供同学训练变化，组合创新。

高质量辅导答题系统：为了给广大考生提供优质的后续服务，搭建良好的交流平台，特组建了美术考研（含MFA）QQ交流群：1012500107，方便考生及时交流和了解最新考研资讯。

配套数字资源下载：扫描封底二维码，可获取本书资源列表（全套音频课程、学习课件、配套图库等学习资源）。如需下载资源，请在PC端进入重庆大学出版社官网（http://www.cqup.com.cn/），进入本书介绍页面后点击"数字资源"进入资源列表，进行在线学习或下载资源。依托本书，主编团队开发的全套视频网络课程，也可在本社"课书房"平台报名学习。

总之，考前冲刺熟读本书，足以对全部考试内容了然于胸，实现复习效果质的"飞跃"。

张玉花　王树良

于清华大学照澜院

本书编写对应配套书目

（全面覆盖院校课程指定教材及考试重点）

[1] 中央美术学院美术史论系 . 外国美术简史 [M]. 北京：中国青年出版社，2014.

[2] 欧阳英，潘耀昌 . 外国美术史 [M]. 杭州：中国美术学院出版社，1997.

[3] 李春 . 西方美术史教程 [M]. 西安：陕西人民美术出版社，2003.

[4] 丁宁 . 西方美术史十五讲 [M]. 北京：北京大学出版社，2003.

[5] 宋玉成 . 外国美术史 [M]. 沈阳：辽宁美术出版社，1997.

[6] 甄巍 . 西方现代美术史 [M]. 北京：北京师范大学出版社，2010.

[7] 王树良，张玉花 . 外国美术史 [M]. 重庆：重庆大学出版社，2012.

[8] 王树良，张玉花 . 中外美术简史 [M]. 重庆：重庆大学出版社，2012.

[9] 朱伯雄 . 世界美术史 [M]. 济南：山东美术出版社，2006.

[10] 贡布里希 . 艺术发展史 [M]. 范景中，译 . 天津：天津人民美术出版社，2001.

[11] 李蒲星 . 外国美术史 [M]. 长沙：湖南美术出版社，2004.

[12] 张夫也 . 外国美术史 [M]. 长沙：湖南大学出版社，2004.

[13] 陈洛加 . 外国美术史 [M]. 重庆：西南师范大学出版社，2005.

[14] 吴永强 . 西方美术史 [M]. 长沙：湖南美术出版社，2006.

[15] 外国美术史及作品鉴赏编写组 . 外国美术史及作品鉴赏 [M]. 北京：高等教育出版社，2007.

[16] 张坚 . 西方现代美术史 [M]. 上海：上海人民美术出版社，2014.

[17] 朱伯雄 . 西方美术史十讲 [M]. 上海：上海人民出版社，2007.

目　录

一　原始及古代美术 / 1

·名词解释·

1.原始美术 / 1

2.拉文特岩画 / 2

3.古埃及美术 / 2

4.古王国时代的金字塔 / 3

5.《纳美尔王石板》 / 3

6.新王国时代的神庙 / 3

★7.《书吏凯伊像》 / 3

8.古埃及壁画 / 4

9.《老村长像》 / 4

★10.方尖碑 / 4

★11.《汉谟拉比法典》石碑 / 5

12.伊什塔尔门 / 6

13.新巴比伦城 / 6

14.《纳拉姆辛纪功碑》 / 6

★15.爱琴美术 / 7

16.古希腊美术 / 7

★17.古希腊瓶画 / 7

18.黑绘风格 / 8

19.古希腊建筑 / 9

★20.古希腊柱式 / 9

21.古希腊雕塑 / 10

22.古典时期艺术 / 11

★23.帕特农神庙 / 11

24.希腊化时期 / 12

★25.《米洛斯的阿芙罗狄德》 / 12

★26.《拉奥孔群像》 / 13

　　27.古罗马美术 / 13

　　28.万神殿 / 14

　　29.凯旋门 / 15

　　30.图拉真纪念柱 / 15

　　31.斯通亨治巨石环 / 15

·简答辑要·

★1.史前绘画艺术的基本特征有哪些? / 16

　　2.结合作品简述古代两河流域亚述的浮雕艺术。 / 17

★3.简述古埃及美术的特点。 / 18

★4.简述埃及金字塔建筑的艺术特色。 / 18

　　5.简述古埃及雕刻程式。 / 20

★6.简述古希腊建筑中三种柱式的艺术特点。 / 20

　　7.简要概括古希腊瓶画的五种风格。 / 21

·论述专项·

　　1.结合作品论述古代埃及美术的特点,以及古埃及艺术对之后的古希腊美术产生的影响。 / 22

★2.试述古罗马美术与古希腊美术的不同。 / 23

★3.指出古希腊美术史的分期,结合各时期的代表作品论述其艺术特色。 / 24

　　4.恩格斯说:"没有希腊、罗马奠定的基础,就不可能有现代的欧洲。"结合古希腊美术的繁荣谈谈你对这句话的理解。(古希腊美术之所以繁荣的条件是什么?) / 26

　　5.试述罗马建筑的突出成就。 / 27

二　中世纪欧洲美术 / 29

·名词解释·

　　1.中世纪欧洲美术 / 29

　　2.巴西里卡式 / 29

★3.拜占庭艺术 / 29

★4.圣索菲亚教堂 ／ 30

5.罗马式美术 ／ 31

★6.哥特式美术 ／ 31

7.哥特式建筑 ／ 31

★8.巴黎圣母院 ／ 32

9.镶嵌画 ／ 33

10.祭坛画 ／ 34

★11.彩色玻璃窗画 ／ 34

12.加洛林文艺复兴 ／ 34

·简答辑要·

★1.欧洲中世纪艺术的几个主要阶段是什么？ ／ 34

2.中世纪美术同古希腊美术的根本区别是什么？ ／ 35

★3.简述拜占庭艺术的特点。 ／ 35

4.简述罗马式建筑的主要特征。 ／ 36

★5.哥特式建筑的主要特征是什么？ ／ 36

·论述专项·

★1.结合作品分析哥特式美术的艺术特色。 ／ 37

2.结合建筑作品分析拜占庭建筑的艺术特征。 ／ 39

三　文艺复兴时期欧洲美术 ／ 41

·名词解释·

★1.文艺复兴 ／ 41

2.锡耶纳画派 ／ 41

★3.佛罗伦萨画派 ／ 42

4.乔托 ／ 43

5.马萨乔 ／ 43

★6.波提切利 ／ 44

7.布鲁内莱斯基、吉贝尔蒂、多纳太罗 ／ 44

★8.文艺复兴"三杰" ／ 44

★9.达·芬奇 ／ 45

★10.米开朗基罗 / 46

★11.拉斐尔 / 47

12.《雅典学院》 / 47

★13.威尼斯画派 / 48

★14.提香 / 48

15.样式主义 / 49

16.尼德兰文艺复兴美术 / 50

★17.扬·凡·爱克 / 50

18.《阿尔诺芬尼夫妇像》 / 51

19.《根特祭坛画》 / 51

★20.老彼得·勃鲁盖尔 / 51

21.德国文艺复兴美术 / 52

★22.丢勒 / 52

23.荷尔拜因 / 53

★24.枫丹白露画派 / 53

25.埃尔·格列柯 / 53

·简答辑要·

★1.简述文艺复兴时期美术的基本特征。 / 54

2.意大利文艺复兴时期的艺术发展共有几个阶段?各阶段的艺术特色是什么?
/ 55

★3.简述文艺复兴时期佛罗伦萨画派的艺术特点。 / 56

4.简析达·芬奇的代表作品和他的艺术思想。/ 59

5.简述米开朗基罗的雕塑和绘画代表作品及其艺术特色。/ 61

★6.提香的艺术成就对后世油画艺术的发展有何深远影响? / 62

7.简述尼德兰画家博斯的艺术特色。 / 63

8.简述德国文艺复兴时期的优秀画家丢勒的艺术特色。 / 64

·论述专项·

★1.试论述文艺复兴艺术的历史贡献。 / 64

★2.试论述威尼斯画派的艺术特色。 / 66

3.结合作品论述意大利"文艺复兴三杰"的主要艺术特色和艺术成就。 / 67

4.论述意大利文艺复兴与尼德兰文艺复兴在美术方面的区别。 / 68

★5.试论述意大利文艺复兴时期威尼斯画派的代表人物及其艺术特色。 / 69

6.试论述尼德兰画派的代表人物及其艺术特色。 ／71

7.为什么称老彼得·勃鲁盖尔是文艺复兴时期尼德兰最伟大的艺术家? ／72

8.结合作品分析西班牙艺术奇才埃尔·格列柯的艺术特色。 ／73

四 17世纪欧洲美术 ／ 75

·名词解释·

★1.巴洛克 ／ 75

★2.鲁本斯 ／ 75

★3.《抢劫吕西普斯的女儿》 ／ 75

4.巴洛克建筑 ／ 76

★5.贝尼尼 ／ 77

6.古典主义美术 ／ 77

7.尼古拉·普桑 ／ 78

8.克洛德·洛兰 ／ 79

9.波伦亚美术学院 ／ 79

10.现实主义美术 ／ 79

11.卡拉瓦乔 ／ 79

★12.委拉斯贵支 ／ 80

★13.荷兰画派 ／ 81

★14.哈尔斯 ／ 81

★15.伦勃朗 ／ 81

16.《夜巡》 ／ 82

17.荷兰小画派 ／ 82

★18.维米尔 ／ 83

·简答辑要·

★1.试概述巴洛克艺术的风格特征及代表画家。 ／ 83

2.概述17世纪意大利学院派美术遵循的艺术法则和艺术特点。 ／ 84

3.简述17世纪意大利艺术家卡拉瓦乔的风格特征及时代影响。 ／ 84

4.概述西班牙现实主义画家委拉斯贵支的艺术创作类型、代表作以及艺术特
色。 ／ 85

5.简述17世纪佛兰德斯绘画的代表人物以及艺术特色。 ／ 86

6.简述17世纪荷兰肖像画家哈尔斯的艺术特色。 / 86

7.简述17世纪荷兰小画派的艺术特点。 / 87

·论述专项·

1.试论述17世纪荷兰绘画的主要成就。 / 87

2.试析17世纪末的法国色彩与素描之争。 / 88

3.试论述你对"17世纪的意大利美术具有承前启后作用"的理解。 / 89

4.论述荷兰风景画的艺术成就。 / 90

五　18世纪欧洲美术 / 91

·名词解释·

★1.罗可可艺术 / 91

★2.荷加斯 / 92

3.夏尔丹 / 92

★4.新古典主义美术 / 92

★5.大卫 / 93

★6.安格尔 / 94

·简答辑要·

1.试简述18世纪法国市民写实艺术家夏尔丹和格勒兹的艺术特色及其代表作品。 / 95

2.试比较17世纪新古典主义与古典主义艺术的异同。 / 96

★3.试概述法国新古典主义艺术家大卫在不同时期的风格特征及代表作品。 / 97

·论述专项·

试述18世纪意大利美术的发展状况。 / 98

六　19世纪欧洲美术 / 99

·名词解释·

★1.浪漫主义美术 / 99

★2.德拉克罗瓦 / 99

★3.戈雅 / 100

★4.浮雕《马赛曲》 / 101

★5.19世纪法国现实主义 / 101

★6.库尔贝 / 102

★7.米勒 / 102

★8.罗丹 / 103

★9.《思想者》 / 103

★10.巴比松画派 / 103

★11.拉斐尔前派 / 104

★12.巡回展览画派 / 104

★13.印象主义 / 105

★14.新印象主义 / 106

★15.后印象主义 / 106

★16.塞尚 / 107

17.象征主义 / 107

★18.象征主义美术 / 108

19.新艺术运动 / 108

·简答辑要·

★1.简要概述19世纪法国新古典主义和浪漫主义绘画的两位主要代表人物大卫和德拉克罗瓦，并比较两者在艺术主题与风格上的差异。 / 108

★2.试通过分析戈雅的代表性作品，阐释他成为浪漫主义美术先驱的原因。 / 109

3.简述浪漫主义美术的风格特征，并比较法国浪漫主义美术与英国浪漫主义美术的不同。 / 110

★4.简述法国现实主义美术的基本特征。 / 111

5.简述米勒的绘画风格和代表作品。 / 112

6.试分析比较新印象主义、后印象主义与印象主义的联系与区别。 / 113

7.试分别概述后印象主义艺术家凡·高和高更的艺术风格特征及代表作品。 / 113

★8.试简述19世纪法国先后产生的重要美术流派和思潮，并概述其各自的突出特色。 / 114

9.结合具体作品分析马奈对古典传统的反叛。 / 115

·论述专项·

★1.试述印象主义绘画的基本特点和成就，并列举几位艺术家及其作品。 / 117

2.比较新古典主义与浪漫主义的异同。 / 118

★3.比较印象派、新印象派和后印象派的异同。 / 118

4.试论述后印象主义美术的基本特征以及代表画家的艺术特色。 / 120

★5.结合作品论述后印象主义画家塞尚为何被称为"现代绘画之父"。 / 121

6.简述19世纪法国画坛的三次革命。 / 122

七 20世纪现代美术 / 123

·名词解释·

★1.野兽派绘画 / 123

★2.马蒂斯 / 123

★3.立体主义 / 124

★4.毕加索 / 125

5.未来主义 / 125

★6.形而上画派 / 125

★7.德国表现主义 / 126

★8.蒙克 / 126

★9.康定斯基 / 127

★10."桥社" / 128

★11."青骑士社" / 128

12.巴黎画派 / 128

13.抽象主义 / 128

14.至上主义 / 128

★15.《伏尔加河上的纤夫》 / 129

16.构成主义 / 130

17.风格派 / 130

★18.达达主义 / 130

★19.杜尚 / 131

★20.超现实主义 / 132

21.抽象表现主义 / 132

★22.亨利·摩尔 ／ 133

★23.包豪斯 ／ 133

★24.后现代主义美术 ／ 133

★25.波普艺术 ／ 135

26.照相写实主义（超级写实主义）／ 135

★27.光效应艺术（欧普艺术）／ 135

28.观念艺术 ／ 136

29.大地艺术 ／ 136

·简答辑要·

1.结合作品简要分析蒙克的艺术特征。 ／ 137

★2.简述野兽派画家马蒂斯的艺术风格及代表作。 ／ 137

3.简述立体主义的两种主要艺术风格及各自特点。 ／ 139

4.试分析比较"桥社"和"青骑士社"的异同。 ／ 139

★5.概述达达主义的基本艺术理念。 ／ 140

★6.简要概述未来主义的艺术主张、艺术特征及代表艺术家。 ／ 141

7.试概述抽象主义的基本理念及发展时期。 ／ 141

8.试比较蒙德里安和马列维奇绘画风格的异同。 ／ 142

9.分别概述莫迪利阿尼和夏加尔的艺术特征及代表作。 ／ 143

★10.简要概述超现实主义画家达利的艺术风格特征及代表作。 ／ 145

11.简要概述超现实主义的两种创作手法及代表画家。 ／ 145

12.简要概括现代主义雕塑家布朗库西的艺术特征及代表作。 ／ 145

13.概述波洛克的艺术风格。 ／ 146

·论述专项·

★1.试论述西方现代主义美术的特征。 ／ 146

★2.试论述20世纪西方现实主义美术的特点和发展状况。 ／ 147

3.试论述康定斯基对抽象主义绘画的贡献。 ／ 147

4.试论述摄影术的发明与绘画功能的改变。 ／ 148

★5.后现代主义与现代主义相比，其观念特征发生了哪些改变，并举例加以论证。
／ 149

后 记 ／ 151

一　原始及古代美术

1.原始美术

　　考古发现人类最早的美术品出现于**旧石器时代晚期**(约公元前3万一前1万年)。原始美术主要包括洞窟壁画、岩画、小型雕刻、巨石建筑等。旧石器时代晚期最杰出的美术作品是**洞窟壁画和母神雕像**。洞窟壁画中最突出的是**法国拉斯科洞窟壁画、西班牙阿尔塔米拉洞窟壁画**(图1.1),表现内容皆以动物为主,如野牛、驯鹿、野马、野猪等。在人像雕刻中,母神雕像占有突出地位,这类雕像强调、夸张与生殖有关的生理特征,体现出原始人对母性和生殖的崇拜。以奥地利维也纳出土的**《威伦道夫的维纳斯》**(图1.2)最为著名。

图1.1
《受伤的野牛》
壁画　西班牙阿尔塔米拉岩洞

图1.2
《威伦道夫的维纳斯》
旧石器时代

图1.3
拉文特岩画
中石器时代

2. 拉文特岩画

拉文特位于西班牙东部,濒临地中海。拉文特岩画是中石器时代岩画典型的代表。岩画大部分位于山崖间的浅洞或岩壁,具有以下特征:所绘人物精力充沛,动作极度夸张,人物、动物混杂,画面复杂(图1.3);采取"旋转透视法"构图和善于利用圆形或对角线方式;多数画面朝向西方,可能与某种落日的宗教仪式有关;造型富于概念化,多数为剪影式且变形、夸张。但忽略细节刻画,用色单纯。

3. 古埃及美术

古代埃及在公元前3100年形成统一的奴隶制国家,经历**早王国、古王国、中王国、新王国和后王国**五个时期,公元前332年被古波斯灭亡。古埃及美术的产生和发展与埃及人的宗教信仰、墓葬习惯和王权思想有很大关系。古埃及美术的一般特点是:建筑**体量巨大**、宏伟壮观,具有强烈的崇高感;雕刻**朴素写实**、整体性强,有观念化、概念化和**程式化**的倾向,表现方法遵守"正面律";绘画线条流畅优美,色彩丰富,人物表现采用正、侧面混合法,具有鲜明的风格和独特的感染力(图1.4)。

图1.4
帕哈特普墓室浮雕

4. 古王国时代的金字塔

金字塔是古埃及法老的**陵墓**，其形成经历了一个很长的演变过程。早王国时代法老的陵墓是一种土台式的平顶斜坡建筑，在阿拉伯语中被称为"马斯塔巴"。古王国时代出现了古埃及历史上最早的金字塔——位于萨卡拉的乔塞尔王梯形金字塔。它由六个等高、但顺次缩小的"马斯塔巴"叠加而成，全部用岩石构筑。到古王国鼎盛期演变出尖锥形金字塔，这是金字塔最完美的形式。以位于吉萨的三大金字塔为代表，它们分别是**胡夫、哈夫拉和孟卡尔**的陵墓。哈夫拉金字塔前的狮身人面像是埃及最大、最古老的室外雕刻巨像。金字塔内部有入口、走廊和通气管道，中间有石室用来存放法老的木乃伊。金字塔具有庞大的体积和重量，给人以精神上的压力，外观对称、稳定，给人以坚不可摧的印象，象征着法老的威严地位 (图1.5)。

图1.5
吉萨金字塔建筑群

5.《纳美尔王石板》

《纳美尔王石板》是为埃及第一王朝的缔造者纳美尔王歌功颂德的纪念碑，是一件双面都有浮雕的略呈梯形的石板块，约创作于公元前3000年。其浮雕精致，构图分上、中、下三层，十分有条理，造型采用**标准式**的正、侧面结合手法，为埃及后来的浮雕壁画奠定了基础，历经3000年的造型规则从此确定，影响深远。

6.新王国时代的神庙

卡纳克神庙和**卢克索神庙**是古埃及历史上规模最为宏大的神庙。卡纳克神庙历经1000多年才得以建成，其主体建筑完工于新王国时期。它最惊人的部分是世界闻名的大圆柱厅，占地5000多平方米，134根擎天石柱分16排而立，密集得如同森林一般，营造出压抑、神秘的空间氛围。

★7.《书吏凯伊像》

《书吏凯伊像》又称《书吏坐像》，它是埃及古王国时期**写实主义**的杰作。这座雕像不仅表现了典型的书记官的动作，而且表现了这个书记官富有个性的相貌特征。他盘腿而坐，膝上展开纸草卷，手握芦苇秆笔，似乎正在书写，但两只眼睛直视前方，好像在聆听谁说话，表情十分严肃。雕像显示出高度的写实技巧，准确表现了他那因经年累月的静坐书写而变得瘦弱的肩头、虚软松弛的腹胸、细长的手指等，这些无不显示出他的职业特点。

8.古埃及壁画

古埃及壁画几乎全部出自坟墓，而且浮雕与壁画难以分开，往往是两种艺术形式并存。古埃及壁画具有以下基本特点：人物群像之间尽量避免相互遮挡；人物与象形文字紧密结合；人物安排有固定程式；构图采取"**地图法**"，将各部分内容都分别置于画面内。此外，浮雕壁画人物造型采用正、侧面结合法则，即头部侧面，上身正面，腰以下为侧面。此特点几乎成为埃及人物造型标志，对**现代派艺术**有一定的影响（图1.6）。

9.《老村长像》

《老村长像》是埃及古王国时期最早的木雕代表作，高110厘米，大约创作于公元前3000年，现收藏于埃及博物馆，1888年在马里艾特考古遗址出土时，由于雕像的容貌和当地的村长长相酷似而得名。它实际上是法老的长子卡柏尔王子的肖像，故又名**《卡柏尔王子像》**。由于他不是法老，所以他的雕像远不如法老肖像那么庄严。卡柏尔王子赤脚光头，手持手杖，双目直视，炯炯有神；面部略带笑容，显得十分自信。他的双眼镶嵌着晶莹带色的石料，使人物的性格更为生动。人物略为发福的体态和微胖的体形显示出一个中年人的形象，与法老年轻健美的体格相比显得更为写实，而少一些理想化的色彩。

★10.方尖碑

方尖碑是古埃及的艺术杰作，也是除金字塔以外古埃及文明最富有特色的象征（图1.7）。方尖碑外形呈尖顶方柱状，由下而上逐渐缩小，顶端形似金字塔尖。以金、铜或金银合金包裹，当旭日东升照到碑尖时，它像耀眼的太阳一样闪闪发光。方尖碑一般以整块的花岗岩雕成，它的四面均刻有象形文字，说明这种石碑的三种不同目的：**宗教性**、**纪念性**和**装饰性**。同时，方尖碑也是埃及帝国权威的强有力的象征。现存最古老完整的方尖碑高20.7米，重121吨，是古埃及法老辛努塞尔特一世在位时为庆祝国王加冕而建的。

图1.6
那赫特墓室《猎鸟图》

图1.7
黑色方尖碑　亚述帝国时期

图1.8
汉谟拉比法典碑

★11.《汉谟拉比法典》石碑

　　《汉谟拉比法典》是**古巴比伦王国国王汉谟拉比**所颁布的世界第一部比较完整的成文法典。法典刻在黑色的玄武岩石碑上，上部为浮雕，下部为楔（xiē）形文字（图1.8）。浮雕刻画了太阳神向汉谟（mó）拉比授予法典的场面：太阳神身材高大，正襟端坐，正在向汉谟拉比授予权杖。汉谟拉比肃穆而立，以此象征其君权神授。太阳神的威严和汉谟拉比的谦恭形成有力的对比，整个场面充满了宗教的神圣和肃穆。

图1.9
新巴比伦王国城池建筑

12.伊什塔尔门

新巴比伦城围城环绕着长达90公里的城墙，各道城门分别用巴比伦的神祇（zhī）命名，其中最重要的主门是伊什塔尔门（图1.9），它是巴比伦城中保存最完整的建筑。这座城门有前后两道拱门、四座望楼，大门墙上覆盖着彩釉砖，镶嵌着狮子、公牛和神兽浮雕。黄褐色的浮雕和蓝色的背景构成鲜明的对比，具有强烈的装饰效果。王宫内墙同样用彩釉砖装饰并镶嵌着植物图形和狮子等图案。

13.新巴比伦城

新巴比伦城是两河流域新巴比伦时期重要的城池建筑，其遗址在今天伊拉克首都巴格达以南数十里，是**新巴比伦王尼布甲尼撒二世**重修的新城，城内有著名的"空中花园"，被列为古代世界七大奇观之一。城池为长方形，有三道城墙和完备的防御体系。城墙中的每道塔门都用一个神的名字命名，墙面采用琉璃砖装饰，极富美学意义。该建筑影响了东方阿拉伯建筑，是古代世界最伟大的城市之一。

14.《纳拉姆辛纪功碑》

《纳拉姆辛纪功碑》（图1.10）是苏美尔—阿卡德时期纪念纳拉姆辛战功的一座**纪念碑浮雕**，重点人物纳拉姆辛被刻画得较大，而其他人物较小，表明了等级观念的存在。画面具有情节性、戏剧性特征，并且还有风景的表现。该碑人物与景物处理得体，显示出作者的独具匠心，是美术史上最早用艺术品形式为统治者歌功颂德的佳作之一。

图1.10
纳拉姆辛纪功碑

★15.爱琴美术

在希腊古典文明之前(约前3000—前1100年),地中海东北部的爱琴海地区就存在过相当发达的美术,史称"爱琴美术"。它是欧洲从氏族社会到奴隶制社会初期的美术,包括季克拉基斯美术、克里特美术和迈锡尼美术。爱琴美术在壁画、雕刻、建筑和陶器等方面都有高度成就;内容多表现宗教、神话题材,也有世俗生活、动物等;风格上主要是写实性与装饰性相结合,造型简练、色彩鲜明。克里特和迈锡尼为爱琴美术前后期的两大中心,故爱琴美术又称"克里特—迈锡尼美术",它是古希腊美术的前源。

16.古希腊美术

古希腊美术是西方美术史上第一个繁荣的高峰期,分为四个阶段,即荷马时期、古风时期、古典时期和希腊化时期。古希腊美术总体特征为**质朴**(单纯、简练)、**合理**(感性合理与理性合理的统一)、**端庄**(典雅与庄重的造型、真诚与肃穆的形式)、**谐调**(和谐统一,用统一的精神统领作品的局部关系)。古希腊美术的高度成就以瓶画、雕塑、建筑等为突出代表,尤其以**建筑**和**雕塑**对后世的影响最为深远。

★17.古希腊瓶画

瓶画是希腊人绘制在**陶瓶上**的**情节性绘画**。古希腊陶器的制作工艺和装饰水平都达到了空前的高度,尤其是陶器上面的绘画,生动地描绘了神话故事、日常生

图1.11
红纹式陶瓶
赫利克里斯、雅典娜和阿耳戈英雄们

活、历史事件等各方面的内容，人们将其统称为古希腊瓶画。古希腊瓶画共有五种

风格，分别为几何风格、东方风格、黑绘风格、红绘风格（图1.11）和白底彩绘风格。

保存至今的大量瓶画向我们提供了很多当时绘画发展的情况。

18.黑绘风格

　　黑绘风格是古希腊瓶画风格的一种，出现于**公元前6世纪初**。它是把主体人物

涂成黑色，背景保持陶土的赭色，使形象轮廓突出，犹如剪影，细部稍用勾线表现。

黑绘的题材大多来源于希腊神话故事和荷马史诗中的情节，在这些画面中人们既可

图1.12
黑绘陶瓶上的希腊神话
陶瓶画　前540—前530

以感受到前人对神祇的信奉和对人神合一的敬仰,也能体会到吟游诗人在口中叙述历史的真实情节。黑绘的表现手法在写实技巧的基础上将人和物的形象变形夸张,可以产生强烈的视觉效果;再以**阴刻技法勾勒出人物的轮廓和服饰**,具有一定的立体感,使其画面古朴而生动。其代表作品是《**阿喀琉斯与埃阿斯玩骰(tóu)子**》(图1.12)。

19.古希腊建筑

公元前5世纪至前4世纪的古典时期是**古希腊艺术发展最辉煌的时期**。建筑成就以**雅典卫城**建筑群为代表,其主要建筑是**帕特农神庙**。希腊建筑对后世具有深远影响的主要是神庙形制和柱式体系。希腊神庙建筑的典型是围柱式,建筑周围用柱廊环绕,形成于古风时期。柱式的形成是古希腊对西方建筑艺术的一大贡献。经典的古希腊柱式共有三种:古风时期形成的多利克式、爱奥尼亚式和古典时期形成的科林斯式。

★20.古希腊柱式

希腊神庙建筑的典型是**围柱式**,建筑周围用柱廊环绕,形成于古风时期。同期,还形成了两种基本的建筑柱式——多利克式和爱奥尼亚式,在古典时期又产生了**科林斯式**,它们并称为"希腊三柱式"(图1.13)。柱式是古希腊建筑的基本尺度和基本风格语言,对建筑的规模和风格具有决定意义。多利克式庄重、坚实,象征了男性成熟人体的阳刚之气。爱奥尼亚式纤细、秀丽,表现了女性成

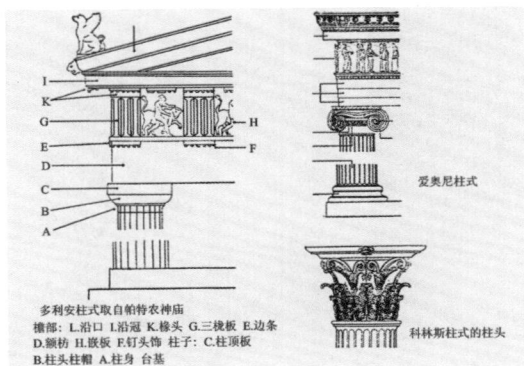

多利安柱式取自帕特农神庙
檐部：L.沿口 L.沿冠 K.橡头 G.三槽板 E.边条
D.额枋 H.底饰 F.钉头饰 柱子：C.柱顶板
B.柱头柱帽 A.柱身 台基

爱奥尼柱式

科林斯柱式的柱头

图1.13
古希腊柱式

熟人体的阴柔之美。科林斯式由爱奥尼亚式演变而来,柱头呈花篮形态,更加华丽、轻巧,体现了少女胴体的窈窕 (文静而美好) 之美。

21.古希腊雕塑

古希腊的雕塑艺术在古典时期达到了鼎盛,充分地体现了希腊人的艺术追求

图1.14
米隆　《掷铁饼者》
雕塑　高152cm　前450年

图1.15
菲狄亚斯　《命运三女神》
雕塑　前447—前438

和艺术成就,以三位雕刻家及其作品为代表: 米隆与《掷铁饼者》(图1.14)、波利克列特斯与《持矛者》、菲狄亚斯与《命运三女神》(图1.15)。

22.古典时期艺术

公元前5世纪至前4世纪的古典时期是古希腊艺术发展最辉煌的时期。建筑成就以雅典卫城建筑群为代表,其主要建筑是帕特农神庙。雕刻达到古希腊雕刻的鼎盛期,产生了写实而理想的人体,以三位雕刻家及其作品为代表: **米隆与《掷铁饼者》、波利克列特斯与《持矛者》、菲狄亚斯与《命运三女神》**。希腊雕塑刻家创造了**写实而又理想化**的艺术形象,体现了他们对"完美"艺术的追求。其艺术成就主要体现为人体比例规范、"S形"体态样式、古典完美的面部程式,团块式雕塑语言、对立统一的艺术原则和静穆典雅的艺术风格,以及第一批杰出的雕塑家。这些都对后世西方美术的发展具有典范意义和深远影响,成为西方美术古典传统的基础和重要内容。

★23.帕特农神庙

古希腊古典时期建筑的神庙,是雅典卫城建筑群中的主角。建筑长70米、宽31米,46根柱子围于四周,属于希腊典型的围柱式结构,东西山墙及回檐、饰带没有浮雕,正殿有雅典娜像。可以说,帕特农神庙(图1.16)集中了希腊人建筑、雕刻的智慧和能力,是**希腊建筑史上的丰碑**。

图1.16
帕特农神庙

24.希腊化时期

　　公元前4世纪末至1世纪被称为希腊化时期。所谓"希腊化"，是指随着希腊人东征，繁荣发达的希腊文明向小亚细亚、埃及、波斯乃至印度河地区传播，同时融合着当地文化而继续发展。这一时期的美术成就主要表现在雕塑艺术形成了以不同地域为中心的各种风格，产生了三件著名的圆雕作品，即《萨摩色雷斯的胜利女神》《米洛斯的阿芙罗狄德》《拉奥孔群像》。

★25.《米洛斯的阿芙罗狄德》

　　《米洛斯的阿芙罗狄德》（图1.17）即**"断臂维纳斯"**，约创作于公元前1世纪，是希腊同一题材中最受赞美的一件杰作。塑像为体态自然优美的古希腊女神**阿芙罗狄德**，其表情含蓄深邃，肌肤圆润丰满，具有妩媚的特点，成为表现女性人体美的最高典范，是理想美与真实美的完美结合，充分体现了**"高贵的单纯，静穆的伟大"**美学理论。雕像制作时是有手臂的，但其在出土时就已经是现在的残缺状态，阿芙罗狄德在罗马语中被称作"维纳斯"，故该雕像又称"断臂维纳斯"。

图1.17
米洛斯的阿芙罗狄德

图1.18
《拉奥孔群像》
大理石　公元前1世纪中叶

★26.《拉奥孔群像》

　　《拉奥孔群像》（图1.18）是**希腊化时期**的著名雕塑作品，由**阿格桑德罗斯**等创作于**约公元前1世纪**，现收藏于罗马梵蒂冈美术馆。雕塑表现了拉奥孔及其两个儿子被两条大蛇缠住，正在极力挣扎、痛苦不堪的情形。雕刻家在作品的构图上精心安排，作品呈**金字塔形**，稳定而富于变化，三个人物的动作、姿态和表情相互呼应，层次分明，充分体现了扭曲和美的协调，表现了雕塑家对**人体解剖学**的精通和对自然的精确观察，以及纯熟的艺术表现力和雕塑技巧。这是一组忠实地再现自然并善于进行美的加工的典范之作，被誉为**古希腊最著名、最经典的雕塑杰作之一**。

27.古罗马美术

　　古罗马经历了**共和时代和帝政时代**，其艺术繁荣于**帝政时代**(前27—公元476)。罗马美术的总体特征是倾向于实用主义，为王权和享乐服务，形式上追求宏伟壮丽，表现威严和超凡个性。建筑的成就主要表现在大型公共建筑的神庙、娱乐厅、运动场、浴池及水道、桥梁等方面,并兴起"凯旋门"(如君士坦丁凯旋门)与"纪念柱"建筑。建于1世纪的**罗马大剧场**(或称科洛西姆竞技场、斗兽场)是罗马拱式与希腊柱式结合的典范。建于2世纪的**罗马万神殿**(或称哈德良万神殿),则成为欧洲古代拱顶建筑的杰出代表。罗马人在**肖像雕刻方面取得了卓越的成就**。罗马肖像在写实风格的基础上,注重表现强烈的个性和复杂的内心世界,代表作有《卡拉卡拉像》等。

28.万神殿

万神殿是**罗马建筑的杰出代表**,属拱券(gǒng xuàn,桥梁、门窗等建筑物上筑成弧形的部分)建筑,它最初建于公元前27年,是一座希腊围柱式的长方形建筑。2世纪,哈德良皇帝在原神庙的基础上彻底改建万神殿,把它建成罗马特有的**穹隆**(qióng lóng,指天空中间高四周下垂的样子,也泛指高起成拱形的)**顶圆形神庙**(图1.19)。3世纪,皇帝卡拉卡拉又在圆形神殿前建了一座长方形神庙与圆形神庙相连,长方形建筑作为整个神庙的入口,这样万神殿就成为一个罗马与希腊神庙相结合的综合式建筑。万神殿的圆形大厅以宏大的规模和精巧的建筑结构而著称,巨大的圆顶仿佛轻悬于空中,像是张开在人们头顶上的又一重天穹。大殿的墙面没有开窗户,屋顶的中央有一个直径9米的圆洞作采光用。阳光通过这个圆洞照进神殿,顶光使圆顶内的凹形方格产生均匀而规律的变化,打破了圆顶的单调沉闷感。天光与墙面产生一种恒定的、深邃的效果,室内的光线和气氛随着自然气候的阴晴而变化,仿佛与天体连在一起。

图1.19
罗马万神庙
哈德良时期　120年

图1.20
君士坦丁凯旋门
315年

29.凯旋门

　　凯旋门是欧洲一座纪念战争胜利的建筑，始建于古罗马时期。当时统治者以此来炫耀自己的功绩，后为欧洲其他国家所沿用，常建在**城市主要街道中心或广场上**。帝政时期，凯旋门的建造十分频繁，几乎每次战争胜利必建，到4世纪，仅罗马城就有36座凯旋门。其中著名的**提度凯旋门**是提度皇帝为纪念镇压犹太人的胜利而建的。**君士坦丁凯旋门**（图1.20）是罗马城现存最晚的凯旋门，是罗马为庆祝君士坦丁大帝彻底战胜强敌马克森提并统一帝国而建的。这是一座晚期三跨式凯旋门，柱基和门墙上都装饰着浮雕，歌颂君士坦丁的功绩。

30.图拉真纪念柱

　　纪念柱是罗马帝国纪念性建筑的另一种形式，留存至今的**图拉真纪念柱**是其代表作。它是图拉真皇帝为纪念对达契亚人的胜利而建的，是一个用大理石砌成的大柱子，由底座、柱身、柱顶三部分组成，高38米。柱身内有一个螺旋形梯子直通柱顶，柱顶上曾立有图拉真皇帝的铜像，柱身环绕着23圈、长达224米的浮雕带，叙述了图拉真征服契亚人的战争经历。

31.斯通亨治巨石环

　　斯通亨治巨石环位于**英格兰**，是新石器时代建筑代表作之一。它们是由多个三石塔结构联合组成的大圆环。其功用说法不一，这种建筑给人以庄重、严肃的感觉，部分经过雕琢、磨制，以十分惊人的精确性，匀称、统一的概念，反映出原始人的创作力。

·简答辑要·

★1.史前绘画艺术的基本特征有哪些？

答题要点：

图1.21
法国拉斯科洞窟壁画

图1.22
公牛与群马
拉斯科洞窟壁画

史前绘画主要包括**洞窟壁画和岩画**。

(1)洞窟壁画最突出的代表作是**法国的拉斯科洞窟壁画**(图1.21、图1.22)**和西班牙的阿尔塔米拉洞窟壁画**,其表现内容皆以动物为主,手法写实而生动。其中,拉斯科洞窟壁画:画家用粗壮简练的黑线勾画出轮廓;用红、褐、黑色渲染出动物的体积和结构;气势雄壮,富有动感,充满粗犷的原始气息和野性的生命力。阿尔塔米拉洞窟壁画:轮廓线比较细,有明暗、粗细、浓淡变化;与色彩渲染结合紧密,表现动物身体的结构;明暗起伏更为丰富,富有感情色彩。

(2)岩画则主要分布在北欧和西班牙的拉文特地区,其中以拉文特岩画尤为突出。拉文特岩画主要是表现人类狩猎活动的情节性绘画;以人物、动物的运动和速度为特点,把运动中的形象加以拉长,夸张动作,强调动势;狩猎场面紧张而富有活力。构图具有浓厚的情节性和生活气息,但忽略细节刻画,用色单纯。

2.结合作品简述古代两河流域亚述的浮雕艺术。

答题要点:

(1)在古代两河流域的亚述雕塑中,浮雕遗存最多也最有特色。亚述王宫是用大量的石板浮雕来装饰的,每一座王宫都用高达1~2米的长条雪花石膏浮雕嵌板镶嵌在宫殿的墙上,极为壮观。

(2)亚述浮雕以长幅的画面记载了历代亚述诸王的战争、狩猎、祭祀仪式和宫廷生活。尤其那些以写实手法表现的战争、狩猎等惊心动魄的场面,充满着激烈的动

图1.23
《垂死的母狮》
狮纹石壁饰　亚述帝国时期

势和紧张的气氛，显示出亚述诸王特有的强悍和暴戾 (lì)。

(3)特别是亚述浮雕中**狮子**的造型，在古代世界动物雕刻中几乎无可匹敌，代表作有《亚述纳西帕二世猎狮》《亚述巴尼帕猎狮》和《垂死的母狮》(图1.23) 等。**《垂死的母狮》**中对狮子受伤后的咆哮和挣扎的刻画极为生动，狮子痛苦和狂怒的形象具有一种**"悲剧性的崇高"**。亚述浮雕擅长刻画复杂而庞大的场面，有着比较成熟的**群像组合与叙事、构图能力**。

★3.简述古埃及美术的特点。

答题要点：

(1)古埃及艺术是为法老和少数贵族服务的，它的目的是歌颂王权，强调国家的政权和等级制度 (图1.24)。

(2)宗教对古埃及艺术产生影响，埃及人相信"灵魂不灭"，因此，注重对陵墓的建造和装饰、对尸体的保存特别关心 (图1.25)。古埃及艺术多是为死者服务的，又被称为**"来世的艺术"**。

(3)古埃及艺术的形式壮丽、宏伟、明确、稳定，有严格的规范，又具有写实基础上的美化。

(4)雕刻方面，人物肖像富有个性特色，比较写实 (图1.26)。

(5)绘画题材广泛，有**世俗**的生活，也有花鸟鱼虫和山水林木，画面色彩鲜艳，线条活泼富有变化。

(6)**装饰性**的特点。古埃及艺术有着几何图形的美，给人留下典雅庄重、简洁明快的印象。

(解析：此题作为"简答辑要"出现，大家不必展开详尽论述，知识点点到即可。)

★4.简述埃及金字塔建筑的艺术特色。

答题要点：

(1)金字塔是古王国法老的陵墓。在古埃及人的观念中，陵墓是永久的栖身之地，它甚至比宫殿更为重要。

(2)王朝初期，埃及国王和贵族的陵墓是长方形的石头建筑，里面放着装

图1.24
美尼斯王征服三角洲

图1.25
雪花石内脏壶

图1.26
持莲花的少女

有木乃伊的石棺，这种长方形石墓叫"马斯塔巴"。后来，随着陵墓的扩大，原来的一层马斯塔巴变成了由大到小的几层相叠的梯形金字塔，其著名代表是萨卡拉的台阶金字塔。到古王国盛期，又演变出**方锥形金字塔，吉萨**金字塔群是其主要代表。吉萨金字塔中最大的是**胡夫**金字塔，塔高146.6米，基座四边各长233米，正对东西南北四方，是一座四方尖锥形的庞然大物。它由230万块25吨重的巨石垒成。金字塔内部有入口、走廊和通气管道，中间有石室存放法老的木乃伊。

(3)金字塔具有庞大的体积和重量，它给人以**精神上的压力**。站在它的脚下，人们会感到自己的渺小。

(4)金字塔的外观对称、稳定，给人以坚不可摧的印象，尤其是它屹立在一望无际的沙漠之中，像纪念碑巍然耸立在炎炎烈日之下，象征着法老的威严地位不可动摇，说明了埃及人顽强的意志力。

5.简述古埃及雕刻程式。

答题要点：

埃及雕刻的程式在古王国时期就已形成，以后被当作典范沿袭下来。

(1)姿势必须保持直立，双臂紧靠躯体，正面直对观众。

(2)根据人物地位的尊卑确定比例的大小。

(3)人物着重刻画头部，其他部位非常简略。

(4)面部轮廓写实，又有理想化修饰，表情庄严，感情表现很少。

(5)雕像着色，眼睛描黑，有的眼睛用水晶、石英等材料镶嵌，以达到逼真的效果。

★6.简述古希腊建筑中三种柱式的艺术特点。

答题要点：

古希腊的建筑主要是神庙。古风时期，希腊神庙建筑形成了它的典型形式——**围柱式**，即建筑周围用柱廊环绕。这时两种基本的建筑柱式已经形成，即**多利克式和爱奥尼亚式**。

(1)多利克式没有柱基，柱子直接立在建筑物的台基上，柱身粗壮，由下往上逐

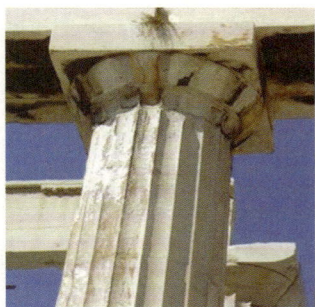

图1.27
多利克式

图1.28
爱奥尼亚式

图1.29
科林斯式柱头

渐缩小，中间略为鼓出，好像人的肌肉在负重，有一种在紧张的情况下稍稍突起的效果，显示出承受压力时的坚忍、挺拔、严峻的气氛。柱头简单，由方形柱冠和圆盘组成，没有任何装饰，柱身刻有垂直、平行的浅凹槽 (图1.27)。

(2)爱奥尼亚柱式精巧、纤细、柔美，它有柱基，柱身比较细长，上下变化不大，柱身凹槽也更细密、更深。柱头带涡形卷，檐壁有浮雕饰带，整体感觉匀称轻快 (图1.28)。古罗马的建筑师认为柱式与希腊人对人体的崇拜有关，即"多利克式"是对刚强的男性人体的模仿，而"爱奥尼亚式"是对柔和女性人体的模仿。

(3)在这两种柱式的基础上希腊人创造出**科林斯式柱式**。科林斯式是从爱奥尼亚式演变过来的，只是柱头更为华丽，像一个花篮 (图1.29)。这种样式主要流行于小亚细亚地区。

7.简要概括古希腊瓶画的五种风格。

答题要点：

古希腊瓶画共有五种风格，分别为**几何风格、东方风格、黑绘风格、红绘风格和白底彩绘风格**。

(1)几何风格。该风格形成于荷马时期，陶器外表的装饰纹样是几何纹，造型简朴、大小不一，主要用于**敬神和陪葬**。

(2)东方风格。该风格形成于古风时期，陶器纹样受埃及、两河流域等东方国家影响，主要表现为**兽首人身像和植物纹样**等。

(3)黑绘风格。该风格形成于公元前6世纪初的古风时期，其主要特征是陶器主体涂成黑色，背景保持陶土的赭色，使形象轮廓突出，有如剪影，细部稍用勾线表现，题材多为神话故事。

(4)红绘风格。该风格形成于公元前6世纪末的古风时期，流行于古典时期。其主要特征是陶器主体保留陶土的赭色，背景涂以黑色，人物细部用线来描绘，强调线条的流畅性。多表现情节性场面，以神话故事和日常生活题材为主，但**现实题材增多**。用流畅秀丽的线条表现各种人物、戏剧性的动人场面以及细腻的感情。

(5)白底彩绘风格。该风格形成于古典时期。其主要特征是在陶器外表涂以白色颜料，在白底上进行线条描绘，多**日常生活题材**和**丧葬题材**。

·论述专项·

1.结合作品论述古代埃及美术的特点，以及古埃及艺术对之后的古希腊美术产生的影响。

答题要点：

(1)埃及是古代东方奴隶制专制国家的典型代表，具有从法老到大臣、平民、奴隶这样一个等级森严的**金字塔形的社会结构**。

①埃及艺术是为法老和少数贵族奴隶主服务的，是社会生活中不可分割的一部分。它的作用是歌颂王权，巩固奴隶主国家的政权，强调等级制度。法老不惜用数十万奴隶为自己建造陵墓、庙宇，雕凿巨像，表现他至高无上的地位，例如金字塔。

②为了神化法老和贵族，古代埃及美术在题材和表现方法上又必须严格服从统治者的要求。这就从根本上决定了艺术的基本法则和程式，并且迫使艺术家用美化的方法来表现对象，其中最著名的就是"正面律"。

③宗教对埃及艺术产生了重要影响。埃及人是虔诚的宗教信徒，甚至法老也必须借助宗教力量来统治国家。埃及人相信"灵魂永生"，把大量的精力花在修建庙宇和陵墓上，对尸体的保存和坟墓的装饰特别关心。他们的艺术大多是为死者服务的，所以美术史家又把埃及艺术称为"来世的艺术"。

④古代埃及艺术的形式和表现程式在3000年间基本处于稳定少变的状态,总的说来是壮丽、宏伟、明确、稳定,既有严格的规范,又具有写实基础上的美化。

(2)古埃及艺术对之后的古希腊美术产生了深远的影响。

①古埃及人采用大理石作为其建筑的主要材料,改变了古希腊早期的建筑材料——木头和泥石。公元前7世纪中期,古希腊人就开始采用大理石雕刻巨大的人像,他们制作这种直立人像的灵感直接来自古埃及,同时还从古埃及人那里学到了雕刻技术。古风时期的雕刻受埃及影响,人物处于正面直立的僵硬状态。无论男女像,在表情上都带有千篇一律的微笑,通称为**"古风的微笑"**。

②古希腊人不仅采用了古埃及的雕刻艺术,还在很大程度上采用了埃及的比例系统。

③古希腊的科学文化源远流长,借其有利的地理位置,古希腊文化**吸取了许多古埃及文化的成分**,如克里特岛的刻印、壁画、石器,更主要的是在它的文字中都可以感受到古埃及文化的影响。

★2.试述古罗马美术与古希腊美术的不同。

答题要点:

(1)罗马人虽然征服了希腊,但在文化上却又被古希腊人征服,罗马人是希腊艺术的崇拜者和模仿者。古希腊美术对罗马产生了重大影响,但由于不同的社会环境和民族特点,罗马美术也有其不同于希腊美术的独特之处。

(2)罗马人不像希腊人那样富于想象,他们没有创造出像《荷马史诗》那样现实与幻想交织在一起的神话故事。罗马是一个冷静、务实的农业民族,他们的艺术没有希腊艺术那样的浪漫主义色彩和幻想成分,具有写实和叙事性的特征。

(3)罗马艺术风格不像希腊那样单纯,它的渊源复杂,既受本土的埃特鲁里亚美术影响,又吸收了希腊、埃及、两河地区的文化思想。在同一时期,罗马帝国各个不同地区艺术风格都各有所异,除了以罗马城为中心的帝国正统艺术以外,还存在着各种地方风格。

(4)希腊艺术主要用于敬神,围绕神庙和祭祀、纪念活动进行创作,带有理想化的色彩。罗马人的艺术则大多是为帝王歌功颂德,满足罗马贵族奢侈的生活需要。

(5)希腊人创造了古代世界最伟大的**雕塑艺术**，令罗马人望尘莫及，但罗马人在肖像雕刻艺术方面却有独特的成就。希腊雕刻强调的是共性和民族精神，而罗马人要求的是个性特征鲜明的肖像。罗马的艺术家不仅满足于外形的逼真，而且注重人物个性的刻画。

(6)在建筑上，罗马人取得了独特的成就。他们在技术上首先开始运用三合土，在结构上广泛采用各种拱券，在建筑类型上比希腊更为丰富。希腊主要是神庙和剧院建筑，而罗马除此之外，还有各种类型的实用性和纪念性建筑，如集会场、圆形剧场、浴室、桥梁道路、通水道、凯旋门、别墅等。罗马人在建筑的空间处理、节约材料、耐久实用和美观等方面都做了有价值的探索，为西方的建筑艺术奠定了基础。希腊雕刻相对稳定，罗马雕刻则有风格上的演变，即早期倾向于写实、刚毅，中期倾向于写实与理想化，后期由于基督教影响出现神性化面孔。

综上所述，古希腊艺术是**理想主义的、简朴的、典雅精致的**；古罗马艺术是**实用主义的、享乐的、宏伟壮丽的**。

★3.指出古希腊美术史的分期，结合各时期的代表作品论述其艺术特色。

答题要点：

古希腊是欧洲文化的发源地。古代希腊人在科学、哲学、文学、艺术上都创造了辉煌的成就，对欧洲文化的发展产生了深远的影响。古希腊美术史通常分为**荷马时期、古风时期、古典时期和希腊化时期**。

(1)荷马时期

荷马时期是根据荷马史诗的作者名字来命名的，也就是**氏族社会末期**。荷马时期为希腊神话形成期，也是造型艺术的萌芽时期。

荷马时期最早的造型艺术作品是几何纹风格的陶器，造型简朴、大小不一，用于敬神和陪葬。因此，这一时期又被称为"几何风格时期"。

(2)古风时期

古风时期是造型艺术的形成期。在这一时期，东方文化通过贸易交往对希腊艺术产生了影响，而希腊艺术又通过吸收东方文化之长和逐渐摆脱东方影响形成了自己的风格。这一时期的美术成就主要是绘画、建筑和雕刻。

①绘画。陶器是希腊人主要的日常器皿和出口商品，**雅典**和**科林斯**是陶器的重要生产中心。在古风时期，**情节性绘画**的类型就已确立，先后出现了三种风格：**东方风格、黑绘风格和红绘风格**。

②建筑。希腊的建筑主要是**神庙**。古风时期，希腊神庙建筑形成了它的典型形式——**围柱式**，即建筑周围用柱廊环绕。两种基本的建筑柱式已经形成，即**多利克式**和**爱奥尼亚式**。后来，在古典后期的小亚细亚地区又流行科林斯柱式。

③雕刻。古风时期的雕刻受埃及影响，人物处于正面直立的僵硬状态。无论男女像，在表情上都带有千篇一律的微笑，通称为"古风的微笑"。

(3)古典时期

这一时期是希腊艺术的繁荣期，艺术的各门类都取得了巨大的成就，其中以建筑和雕刻对后世的影响最为深远。

①建筑。古典时期的围柱式建筑的各部分开始形成固定的格式和比例，总的趋向是**简练、合理**。这一时期建筑的成就相当可观，其中最突出的代表是**雅典卫城建筑群**，其主要建筑是献给雅典娜女神的**帕特农神庙**。建筑结构和装饰因素、纪念性与装饰性、内容与形式取得了高度统一，是世界艺术史上最完美的建筑典范之一。

②雕刻。古典时期的雕刻已完全摆脱了古风时期的拘束和装饰性，产生了写实而理想的人体，达到了希腊雕刻艺术的鼎盛时期，出现了一批优秀的雕刻家，如米隆、菲狄亚斯和波留克列特斯等。古典后期，雕刻开始侧重个性的刻画，表现人的个性和感情，人物充满着生活的情趣和内在的激情。这种性格化的描写标志着希腊雕刻的进一步成熟。

(4)希腊化时期

希腊化时期，随着帝国的不断征服与扩张，产生了希腊文化向东方的传播以及与东方文化的交流，这一时期又被称为"泛希腊时期"。这一时期的美术成就主要是雕刻，雕刻艺术形成了以不同的地区为中心的各种风格。本土地区仍然保持着希腊古典传统，技巧更为成熟。在埃及地区，风俗化雕刻流行。雕刻家表现了大量下层人物形象，如流浪汉、渔夫、乞丐、醉汉等，也着重于生活细节描写。

小亚细亚地区的柏加摩斯是希腊化时期的艺术中心之一，在这里史珂珀斯的悲怆

(chuàng)风格得到了继续发展,《柏加摩斯宙斯祭坛》是其代表作。希腊化时期,肖像雕刻得到了发展,出现了歌颂帝王和独裁者的肖像。这些肖像的最大特点是强调非凡的个性,出现了理想化与个性化相结合的倾向,如《亚历山大肖像》。同时也出现了许多哲学家、诗人、作家的肖像。

4.恩格斯说:"没有希腊、罗马奠定的基础,就不可能有现代的欧洲。"结合古希腊美术的繁荣谈谈你对这句话的理解。(古希腊美术之所以繁荣的条件是什么?)

答题要点:

(1)古希腊是欧洲文化的发源地。古代希腊人在科学、哲学、文学、艺术上都创造了辉煌的成就,对欧洲文化的发展产生了深远的影响。

(2)希腊本土,较多地采用**几何直线、左右对称、象征性、形式化**等手法来表现艺术,较倾向于构成性的装饰,被称为"几何形风格"。爱奥尼亚采用流动曲线、写实性、故事性等手法来表现艺术,倾向于描写性的风格,此乃受近东艺术影响,故称之为"东方风格"。希腊早期的美术成就就是由这两种风格不断融合而成的。

(3)希腊艺术的特质除了上述地理环境差异的发展基础外,希腊人还富有民主思想和创造精神的天性,个性活泼开放,崇尚运动,追求自由自在的乐趣。因此,在作品表现上呈现出健康、自然、乐观、优雅等特质,而有别于近东艺术那种**超自然的、宗教的**神秘感。

(4)希腊人较重视**人类个体性的存在和价值**,在艺术作品中表现无遗。作品多歌颂人类肉体、精神之美,将人类形象理想化,并尽量制作得跟神像一样完美,成为希腊美术的一大特色。希腊人也崇拜神祇,认为神的性格和凡人一样,因此将诸神人格化,创造了丘比特、维纳斯、阿波罗等许多神话故事,这些神话故事也由此成为希腊美术创作的题材,同时对后来的西方美术发展也有深远的影响。

(5)希腊神话是希腊艺术的土壤,希腊神话包含着人们对自然奥秘的理性思索,它孕育着**历史和哲学观念的萌芽**。希腊神话中"神人同形同性"的特点使神祇具有人的面貌和情感,成为促使美术与生活息息相通的有利因素。希腊人对神的看法十分独特,他们将神看作强健、聪明、更加理想的人。基于这样的认识,希腊艺术便成为歌颂人、赞美人，以观察现实中的人为出发点的写实性艺术。这种模仿再现性的艺术以后便成为西方艺术发展的重要基础。

(6)城邦国家要求公民具有健壮的体格和完美的心灵，希腊艺术中的理想形象就是典雅、宁静的气质与运动员一样的体魄。因此，宁静、和谐、静穆、伟大成为古希腊罗马美术的最高标准。他们在艺术中总是比较强调理智和共性，寓多样于统一之中，寓变化于单纯之中，从而确立了以优美典雅为模式的人体雕塑艺术，成为西方古典艺术的楷模。

5.试述罗马建筑的突出成就。

答题要点：

(1)罗马美术的主要成就是**建筑**，而建筑中占主要地位的是体现国家强大以及歌颂独裁者的大型公共建筑，这些建筑物既有纪念意义，又能为城市自由民提供公共活动场所，同时也满足了贵族生活需要。罗马人最杰出的成就表现在市政工程方面，他们修筑了规模浩大的道路、水道、桥梁、广场、公共浴池等设施。他们运用三合土作为建筑材料，广泛采用了**埃特鲁里亚人的拱券**，并使之得到了发展。

(2)**万神殿**是拱券建筑的杰出代表，它最初建于公元前27年，是一座希腊围柱式的长方形建筑。万神殿的圆形大厅以它宏大的规模和精巧的建筑结构而著称，圆顶用砖和三合土砌成，为了减轻圆顶的重量，屋顶越往上越薄，并在圆顶的内部作了深深的凹形方格。大殿的墙面没有开窗户，屋顶的中央有一个直径9米的圆洞作采光用。阳光通过这个圆洞照进神殿，顶光使圆顶内的凹形方格产生均匀而有规律的变化，打破了圆顶的单调沉闷感，天光与墙面产生一种**恒定的、深邃的**效果，室内的光线和气氛随着天气的阴晴而变化，仿佛与天体连在一起。

(3)科洛西姆竞技场代表了罗马建筑的顶峰。它是古罗马最大的椭圆形竞技场，可以容纳5600多人。设计者巧妙地安排了一系列环形拱和放射状的拱，对观众座席和通道都做了精心的安排。它建有内外圈环形走廊，外圈供观众出入和休息用，内圈供前排的观众使用。楼梯安排在放射形墙垣 (yuán) 之间，分别通向各观众席。竞技场的形制对现代体育场建筑产生了深远的影响。

(4)**凯旋门**是古罗马的重要建筑，是为了纪念战争的胜利而建造的，通常是单独横跨在道路上。帝国时期,凯旋门的建造十分频繁,几乎每次战争胜利必建。到4世纪,仅罗马城就有36座凯旋门,其中以**提度凯旋门和君士坦丁凯旋门**最为著名。

(5)纪念柱是罗马帝国纪念性建筑的另一种形式,留存至今的**图拉真纪念柱**是其代表作。它是一个用大理石砌成的大柱子,柱身内有一个螺旋形梯子直通柱顶,柱顶上曾立有图拉真皇帝的铜像,柱身环绕着23圈、长达224米的浮雕带,叙述了图拉真征服契亚人的战争经历。

二　中世纪欧洲美术

·名词解释·

1.中世纪欧洲美术

自476年西罗马帝国灭亡到15世纪文艺复兴开始的一千年，史称"**中世纪**"。文艺复兴时期的人们认为这段时间是处于**文明**（古罗马帝国）**到复兴**（文艺复兴）之间的"黑暗时代"，故称"中世纪"。欧洲中世纪艺术是在东方文化、古希腊罗马文化传统和蛮族文化的基础上融合而成的基督教美术，其主要成就在建筑方面。最有代表性的是拜占庭美术、罗马式美术和哥特式美术。哥特式美术是整个中世纪艺术发展的高峰。

2.巴西里卡式

巴西里卡式是**欧洲中世纪早期基督教美术建筑样式之一**。313年，米兰敕（chì）令颁布后不久，基督教随之合法化，这标志着真正基督教纪念性建筑的开始。他们借用了罗马会堂的巴西里卡式的长方形，多为木质结构的建筑形式。在这些教堂内部的墙壁制作了大量的镶嵌画，同时配置雕刻作品。尤其在石棺雕刻方面更为突出，如《两兄弟石棺》《朱利厄斯·巴苏斯石棺》等，都是有名的雕刻作品。由于木质结构原因，常因火灾遭难，以后不再沿用此形式。

★3.拜占庭艺术

欧洲中世纪以东罗马帝国首都拜占庭为中心发展起来的基督教艺术，主要盛行于5—15世纪的东南欧地区，对欧洲和中东地区的美术也有重大影响。拜占庭美术保留有一定的希腊罗马传统，同时又受政教合一政体统摄，为宗教和王权服务，

图2.1
《皇后提奥多拉和女官》

将西方基督教文化与东方波斯艺术融为一体,在欧洲居统治地位达1000年之久。其总体特征是威严庄重又豪华富丽,形式上高度提炼和简化,具有程式化手法,赋予形象以稳固、永恒的精神。拜占庭美术在教堂建筑、镶嵌画和圣像画等方面具有高度成就。拜占庭教堂建筑的主要代表是圣索菲亚大教堂,拜占庭镶嵌画的重要代表作有拉文纳的圣维他尔教堂壁画:《查士丁尼皇帝和廷臣》与《皇后提奥多拉和女官》(图2.1)。

★4.圣索菲亚教堂

圣索菲亚教堂(图2.2)是拜占庭美术中的代表作,是东罗马建筑中的佼佼者,建于6世纪,集东、西方建筑艺术之大成。建筑师是**安特米俄斯和伊西多鲁斯**。其结构简单、明晰,一个大的矩形中容纳一个正方形,四角竖立着巨大的方柱支撑穹

图2.2
圣索菲亚教堂

隆，在中心穹顶的东、西下方各有一半径相等的半穹隆，每个半穹隆两侧又有更小的半穹隆。外观上宏伟壮观，内部由于有40个天窗透光，沉重的屋顶也变得轻盈，加上内壁以彩色大理石镶嵌的华美镶嵌画，显得金碧辉煌。圣索菲亚教堂成为拜占庭里程碑式的建筑。

5.罗马式美术

罗马式美术**产生于意大利**，在10—12世纪流行于西欧地区，其成就主要表现在建筑及其雕塑装饰方面。罗马式教堂以拉丁十字形为平面，普遍采用类似古罗马的拱顶和梁柱结合的体系，并大量采用希腊罗马时代的"纪念碑式"雕刻来装饰教堂。其建筑具有堡垒的特点，墙厚窗小、拱圆正门，两侧配置塔楼，最著名的代表性建筑是意大利的**比萨大教堂建筑群**。罗马式教堂的雕塑装饰多表现宗教故事，一般具有拉长变形的造型、不自然的动态、夸张狰狞的表情等特点。

★6.哥特式美术

哥特式美术是欧洲中世纪后期的**基督教艺术，源于法国，遍及全欧洲**，代表了中世纪艺术发展的高峰。其成就主要表现在教堂建筑及其雕塑装饰方面，哥特式教堂也采用拉丁十字式形制，以巨大的彩色玻璃花窗取代墙壁，并普遍采用肋拱框架结构体系，使教堂的内部空间、外部造型、门窗拱券都具有高、尖、直的特点，正门两侧多配置高耸的尖塔，总体感觉高耸挺拔，充满强烈的向上动感。**巴黎圣母院**是著名的代表性建筑。雕塑是哥特式教堂的主要装饰物，但已开始脱离建筑结构而走向独立。表现手法也越来越写实，并追求感情的自然表现，反映出中世纪末期艺术趋向世俗化和现实化的特点。

7.哥特式建筑

哥特式建筑产生于12世纪，是**法国皇家修道院院长苏热所创**，他修建的圣德尼修道院体现出**"高、光、数"**原则。此建筑具有以下特点：继承和大规模使用了有肋的尖顶结构；充分发挥点的支撑作用；发明了新的、具有结构力学意义的扶壁和飞扶壁以及石头树式的穹顶肋架结构；外部广泛运用尖枪形拱窗门、拱门和小尖塔，

图2.3
米兰大教堂

内部有理想的高度、宽度和亮度；带动了彩色玻璃窗画的繁荣。哥特式建筑著名的

代表作品有：法国的巴黎圣母院、兰斯大教堂，英国的科罗斯达大教堂，德国的科隆

大教堂，意大利的米兰大教堂（图2.3）等。

★8.巴黎圣母院

　　法国的巴黎圣母院（图2.4）是**最著名的哥特式建筑**，它不仅作为当时巴黎最

重要的宗教活动中心，而且也以建筑艺术上的高超水平而饮誉欧洲。这座教堂建于

1163年，充分显示出圣德尼教堂的直接影响。在平面的布局中，它强调的是长度轴

心，中堂的若干布局虽然保留了罗马式教堂的特点，但大气窗上的窗户、室内的采

光和所有形体瘦长的造型等都创造了一种显著的哥特风格。教堂内部的所有细节

都充满着上升的直线，这样室内空间也相应地具有哥特风格所有的"向上高升"的

感觉，这与罗马式建筑强调巨大的支撑力是大不相同的。圣母院内部分为三层，各

层皆以尖拱相互呼应、统一。这种和谐而极具逻辑性的建筑语言，是基于经院哲学

体系和思维方式修建而成的。巴黎圣母院的西面工程也别具一格，各个部分在比例

关系和组合方式上极为成功，以中间圆形玫瑰窗为中心向四周呈放射状地分布着门

洞、窗户和未完成的塔楼(塔楼应该是尖顶的)，达到了整体上的完美均衡，这一面最

大的特点在于它把所有细节都互相配合成为一个平衡、协调的整体。

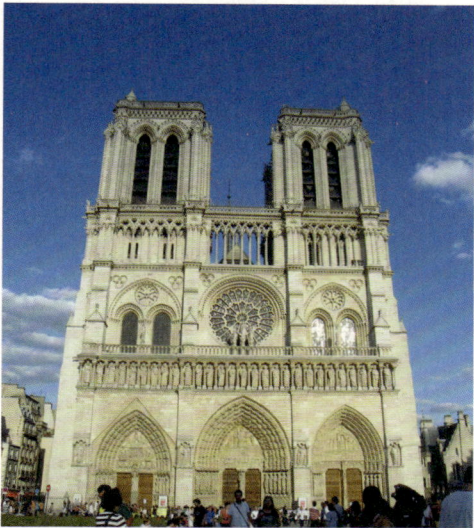

图2.4
巴黎圣母院

图2.5
查士丁尼大帝像

9.镶嵌画

镶嵌画是采用彩色石子打磨成片,在墙面上用黏合剂粘贴作品的一种艺术形式。早在**古希腊**就曾经用此方法铺设地面,后应用于墙面壁画。此种艺术形式在中世纪得到充分发展,并且还增加了**彩色玻璃**,使色彩更加丰富,被**广泛用于罗马式教堂内部的墙壁上**。由于石片本身具有反射光的特性,所以画面如同彩色幕帘似的闪动彩色光点,是教堂墙壁理想的装饰方式(图2.5)。

10.祭坛画

祭坛画是中世纪西欧宗教绘画形式之一，专门用于教堂正面的祭坛。其画像明显受当时神权统治、宗教秩序的制约，有严格的布局要求和程式化的形象刻画规范，充斥着**禁欲主义**的味道。祭坛画的代表作有14世纪西蒙·马蒂尼为锡亚那大教堂创作的祭坛画《天使报喜讯》。

★11.彩色玻璃窗画

彩色玻璃窗画是一种用铅条固定小块彩色玻璃形成整体玻璃窗画的艺术形式，盛行于中世纪哥特式教堂中，为哥特式建筑增添了光彩，内容有图案、圣经故事等。当光线透过彩色玻璃窗，教堂内色彩缤纷，神秘莫测，是哥特式教堂的装饰方式之一（图2.6）。

12.加洛林文艺复兴

8世纪，当年的蛮族已成为横行欧洲大陆的封建领主，法兰克国王**查理曼**历经数十年战争，把西欧大部分地区统一起来，终于建立起加洛林王朝。查理曼的理想是恢复昔日罗马的繁盛，在文化上恢复罗马的传统，同时也希望借此恢复罗马帝国的封号。将辉煌的文化传统注入这些半野蛮民族血液中的愿望使这位皇帝亲自领导了这次文艺复兴。他召集了一批文人学者在首都阿琛（chēn）收集**整理古籍**，让艺术家**仿照古典样式**进行创作，以宫廷为中心形成了复兴古典文化的潮流，历史上称之为"加洛林文艺复兴"。这次复兴的最大意义在于将北欧的日耳曼精神与地中海文明成功地融合在一起。

·简答辑要·

★1.欧洲中世纪艺术的几个主要阶段是什么？

答题要点：

中世纪包括5至15世纪的这段时间，以476年的西罗马帝国崩溃作为起始标志，结束于意大利文艺复兴的黎明，中世纪标志着西方最终进入**基督教时代**。欧洲中世

图2.6
法国夏特尔教堂彩绘玻璃窗
13世纪

纪艺术主要包括以下五个阶段:

(1)**早期基督教美术**:2至5世纪,艺术成就主要集中在墓室壁画、建筑和雕塑上。

(2)**拜占庭美术**:5至15世纪,艺术成就主要体现在拜占庭建筑上,以圣索菲亚教堂为代表,同时镶嵌画也占有特殊地位。

(3)**蛮族艺术和加洛林文艺复兴**:5至11世纪,以建筑和雕塑为代表,出现了阿琛王宫和雕塑作品《杰罗的十字架》。

(4)**罗马式美术**:10至12世纪,其中罗马式建筑为其突出成就,出现了圣赛尔南大教堂和杜姆勒教堂等著名建筑。

(5)**哥特式美术**:12至15世纪,是中世纪艺术发展的顶点,在建筑、雕塑、绘画等方面均有突出成就,尤以建筑最为典型,涌现出巴黎圣母院、夏特尔教堂、米兰大教堂等众多经典建筑作品。

2.中世纪美术同古希腊美术的根本区别是什么?

答题要点:

(1)古希腊美术体现出开放、自由、民主的思想,精神文明空前活跃,形成了人类文化史上一个重要的高峰期。其基本特征为:赞美人性,注重情趣,强调模拟自然;注重内在结构,信任此刻的观察,追求理想境界;在和谐理想的旗帜下不断超越,带来艺术风格顺其自然的演变,**追求理想**是古希腊发展**自始至终的主旋律**。

(2)中世纪艺术不能单纯理解为宗教艺术,它是在东方文化、古希腊罗马文化传统和蛮族文化的基础上融合而成的**基督教艺术**。它宣扬神学思想和崇拜封建帝王的观念,为巩固贵族和教会的统治服务。

★3.简述拜占庭艺术的特点。

答题要点:

(1)拜占庭艺术是基督教文化政教合一的产物,在王权的支持下带有较多的世俗特点。它总体上显得比较宏伟富丽,威严而富有永恒的精神力量,具有一套严格的程式化艺术形式,但形象略显刻板。

(2)建筑是拜占庭艺术的主要代表。拜占庭建筑的特点主要是:屋顶造型使用

"穹隆顶"，整体造型中心突出；穹顶支承，集中式建筑形制；色彩的使用上既注意变化，又注意统一。

(3)**圣索菲亚教堂**是拜占庭建筑艺术的突出代表。它混合了东方与西方、过去与未来的结构，是气魄雄伟的混合建筑。同时圣索菲亚教堂充分体会到圆顶在宗教建筑中的心理功能，巧妙地将光线与圆顶结合，仿佛造就了一个光芒万丈的天堂。

(4)镶嵌画在拜占庭艺术中占有特殊的地位，这种以小块彩色玻璃和石子镶嵌而成的建筑装饰画，成为教堂内部装饰的主要形式。拜占庭镶嵌画以玻璃为主要材料，以求达到一种虚无缥缈的效果，这时期最著名的镶嵌画在意大利拉文纳的圣维他尔教堂。

4.简述罗马式建筑的主要特征。

答题要点：

(1)罗马式建筑主要从古罗马的巴西里卡式建筑发展而来，起初为木结构，后来改造为石结构，普遍采用类似古罗马的拱顶和梁柱结合的体系，显得厚重、简洁而庄严。

(2)**十字形**为罗马式建筑的主要代表形式，教堂墙壁加厚、窗户小、距地面较高。

(3)教堂纵横两厅交叉处配有碉堡式的塔楼，具有封建城堡的特点，坚固、沉重，显示出当时封建宗教的权威。

(4)大量采用古希腊罗马时代的"**纪念碑式**"雕刻装饰教堂，注重装饰性。建筑内部雕刻或绘画中的人物形象都被夸张和变形，表情恐怖，构成了中世纪艺术中特有的造型方式。

★5.哥特式建筑的主要特征是什么？

答题要点：

(1)哥特式建筑已不是城堡式，变罗马式的半圆形拱为尖角拱门、肋形拱顶和飞拱，将所有的内部空间以骨架券连接为整体，尖顶变得比较轻巧，从而使墙变薄，内部空间增大(图2.7)。

图2.7
德国科隆教堂

图2.8
巴黎圣母院局部

(2)墙上设计了许多高大的窗户，所有的门窗券顶都设计成尖拱状，门为"透视门"，即逐层递进。

(3)钟塔和教堂轻巧、高大、垂直，众多的垂直线给人轻盈升腾感，以**高、直、尖和具有强烈的向上动势**为特征的造型风格，充分体现宗教意识。

(4)哥特式建筑的外表均饰有各种精美的雕刻，代表性建筑如法国的巴黎圣母院（图2.8）、夏特尔教堂等。

·论述专项·

★1.结合作品分析哥特式美术的艺术特色。

答题要点：

(1)意大利文艺复兴学者把**12至15世纪的艺术称为"哥特式"**。他们认为那都是"蛮族"哥特人所作，事实上，这种艺术可以说与哥特人没有多少关系。但是，哥特式艺术却无疑是整个中世纪艺术发展的一个顶点。哥特式艺术起源于法国，开始于建筑领域，而后才逐渐波及雕刻和绘画。

(2)哥特式建筑追求平面装饰的效果，其特征是门窗向上突出、高耸云天的细长的尖塔、刻有想象的怪物等，其局部装饰均富有强大的表现力，这种形式在这一时代的教会建筑中占有统治地位。哥特式建筑的结构体系是把罗马教堂的十字交叉拱骨架券以及7世纪阿拉伯人所用的尖顶券加以发展而来，并成熟地应用了飞扶壁。它把罗马建筑中支承拱顶重量的坚实厚壁极巧妙地依托垂直于屋顶的构柱、飞扶壁、尖券以及肋拱共同承担，从而大大减小了墙垣的厚度，并又赋予极精美的艺术处理。①例如法国的圣德尼教堂，就表明了一种新的建筑风格：轻盈、纤细的建筑结构。它采用尖券和肋穹，窗户尺寸大大增加，平面遵循后堂回廊式型制，体现了一种不同于以往的思想和精神，同时它强调了严谨的几何形造型和对明亮光线的追求。②再如法国的巴黎圣母院教堂，它作为最著名的哥特式建筑，大气窗上的窗户、室内的采光和所有形体瘦长的造型等共同创造了一种显著的哥特式风格。教堂的内部所有细节都充满着上升的直线，有种"向上高升"的感觉。

(3)12至15世纪是**经院哲学高度理性化**的时期，它要求对教义的解释和形象必须遵循严格的规则秩序，表现手法也自觉模仿自然形象、追求感情表现，形成所谓"哥特式现实主义"，而这一时期的雕刻也逐渐脱离建筑而走向独立。最能反映哥特式艺术雕刻成就的是法国的**夏特尔教堂**。①在教堂的入口两侧排列着的柱像是从建筑结构演变出来的雕刻装饰形式，这种柱像日益脱离建筑而成为独立的雕刻作品。人物形象不但从僵直而紧贴柱子变为高浮雕的形式，而且还表现出身体动态的左顾右盼，突破了建筑结构的限制，同时每个人物都有其独立性，它们甚至是可以脱离支柱的。②它们代表着一种革命性的变化，那就是开始重新恢复古典时代以来的三度空间的圆雕。例如在头部所表现出的温和的特质中，充分显示出哥特式雕刻的写实特征。③教堂外部侧柱上的雕像将三个大门的景象连在一起，它们分别代表《圣经》中的先知、皇帝和皇后，以强调现实和宗教精神的统一。

(4)哥特式的建筑和雕刻在圣德尼和夏特尔大教堂分别产生了,而绘画却一直发展得比较缓慢,但其绘画种类繁多,主要包括**彩色玻璃镶嵌画、抄本绘画、祭坛画和圣像画**等。这时的绘画成就除了体现在手抄本的圣经插图中,还体现在大批的彩染玻璃上。哥特式美术发展时期,当时的设计师们吸收了建筑和雕刻的特点,逐渐形成了哥特式玻璃画风格。这时玻璃画的代表作是法国布杰大教堂中一系列旧约先知的肖像。这些彩染玻璃画并不是由一整块玻璃组成的,而是由几百块小彩色玻璃组合,中间用铅线连接而成。艺术家并不能直接在玻璃上画画,而是像镶嵌画一样,用不规则的碎片玻璃经过剪裁后嵌在轮廓线中。

(5)在哥特式艺术的发展过程中,**国际性的传播**与**地方性的发展**是相对和平行的。最早它只是法国的一种地方风格,进而慢慢扩展,到了13世纪,则慢慢和各地风格融合在一起,各地区间又不断交流融合,成为一种统一的哥特式风格,但是这种统一的局面很快又被地方风格所打破。最早出现的急先锋是在**佛罗伦萨城**,它的风格通常被我们界定为**早期文艺复兴**。

2.结合建筑作品分析拜占庭建筑的艺术特征。

答题要点:

(1)"拜占庭"原是古希腊的一个城堡,395年罗马帝国分裂为东、西两个国家,西罗马的首都仍在当时的罗马,而东罗马则将首都迁至拜占庭,其国家也就顺其迁移被称为"拜占庭帝国"。拜占庭建筑,就是诞生于这一时期的拜占庭帝国的一种建筑文化。从历史发展的角度来看,拜占庭建筑是在继承古罗马建筑文化的基础上发展起来的。同时,由于地理关系,它又汲取了波斯、两河流域、叙利亚等东方文化,形成了自己的建筑风格,并对后来的俄罗斯的教堂建筑、伊斯兰教的清真寺建筑都产生了积极的影响。

(2)拜占庭建筑的特点,主要有四个方面:

①屋顶造型普遍使用"穹隆顶";

②整体造型中心突出;

③它创造了把穹顶支承在独立方柱上的结构方法和与之相应的集中式建筑形制;

④在色彩的使用上，既注意变化，又注意统一，使建筑内部空间与外部立面显得灿烂夺目。

(3)圣索菲亚教堂是拜占庭建筑中最辉煌的成就之一。

①圣索菲亚教堂在构思和技术上受罗马万神殿的影响很大，主要部分是一个巨大的半圆穹顶，东、西两头连接着两个半圆穹顶。每个半圆左右两端又接上更小的半圆穹，南、北两边则是圆拱形墙体，下面由两层列柱和厚实的墙体支承，列柱后面又有侧廊，这样就形成了一个高大宽阔、气势磅礴而又节奏分明的内部空间。

②首先，它的平面结构、窗间壁柱外的飞梁仍能使我们想起"巴西里卡式"的特征。其次，圆顶是在四个拱门之上，上面整个圆顶的重量都经过四个拱柱传达到四个角的方块柱上，而拱门下的墙并没有负担重量的功能，它可以使圆顶建得更高、更轻、更经济。从这两点上说，拜占庭的圣索菲亚教堂混合了**东方与西方、过去与未来**的结构，是一个气魄雄伟的混合建筑，我们从中能充分体会到圆顶在宗教建筑中的心理功能。圆顶似乎是浮在教堂上方，下面有一圈窗子，中堂两边墙壁上也都开着窗，光线与圆顶的组合，仿佛造就了一个光芒万丈的天堂。再加上那些闪亮的镶嵌画，仿佛使人置身在一个非现实的幻景里。15世纪土耳其人入侵后，**把该教堂改成清真寺**。

三　文艺复兴时期欧洲美术

·名词解释·

★1.文艺复兴

　　"文艺复兴"的原意是"在古典规范的影响下，艺术和文学的复兴"。在欧洲的历史上，实际是指14至16世纪欧洲文化思想发展中的一个时期，并且被认作是新、旧两个时代的分界。这一时期，资产阶级的生产方式出现，封建的社会基础、价值观遭到了更大的动摇，现实生活的意义得到积极肯定，出现了与**基督教神权及其禁欲主义**相对立的思潮——**人文主义**，基本内容是它的**世俗性**。人文主义的思想家和艺术家崇尚科学、颂扬人的力量，赞扬人与自然的美。其实质是以新兴资产阶级的人文主义为出发点的伟大的思想解放运动，最先萌芽于南部的意大利，随后推及北部的尼德兰和中部的德国地区。

　　文艺复兴美术正是在这样的历史背景下，首先在意大利诞生的。它以人文主义为指导思想，肯定人的价值，肯定现实生活的积极意义，反对宗教神权文化。它以写实主义为艺术原则，冲破宗教禁锢，在美术中以人为中心，赞美人生、赞美人体、赞美自然，即使在宗教题材的作品中也贯穿现实的世俗精神。同时，在美术中复兴希腊、罗马的艺术风格，并与科学理论相结合，把解剖学、透视学、明暗造型法、构图法则和色彩理论等应用到美术中，为西方近代美术的发展开辟了广阔的道路。

2.锡耶纳画派

　　锡耶纳画派是指意大利文艺复兴开端时期的一个流派，锡耶纳城在13至14世纪成为艺术中心，那里曾集聚了一批艺术家，尤其围绕锡耶纳大教堂建筑项目，这些艺术家发挥了积极作用。该派重视线条造型和色彩，主要以**宗教题材**为主，主要代表人物有杜卓、马尔蒂尼、洛朗切诺等人。锡耶纳画派为意大利文艺复兴的进一步发展奠定了基础。

★3.佛罗伦萨画派

佛罗伦萨画派是文艺复兴早期在**佛罗伦萨地区形成的著名画派**。其艺术特点是：以人文主义为主导，**继承希腊罗马的艺术传统**，探索在平面上真实地再现立体造型；将自然科学取得的成就运用在艺术领域，发展了透视画法、明暗画法和艺用解剖学，把现实主义美术发展到了一个新的阶段，为意大利文艺复兴美术盛期的到来做出了重要的贡献；在宗教神话题材的作品中，将中世纪抽象的神的形象表现为世俗的人，创立了新的艺术风格。代表画家有**乔托**（图3.1）、**马萨乔、波提切利**等人。它是15世纪意大利绘画、雕刻艺术的中心，其发展决定了这个时期意大利艺术发展的主流，同时也影响了同期的其他画派。

图3.1
乔托　《圣母子》
祭坛画　325cm×204cm
1310—1311

图3.2
乔托　《哀悼基督》
壁画　200cm×185cm
1304—1306

4.乔托

　　乔托是13世纪末14世纪初期的画家和建筑师，是**佛罗伦萨画派的创始人**，意大利文艺复兴美术的伟大先驱者之一，他的艺术是中世纪与文艺复兴的分水岭，同时奠定了文艺复兴艺术的现实主义基础。其作品主要是**圣经题材的壁画，具有人文主义的精神**。代表作《哀悼基督》（图3.2）《逃亡埃及》等，以世俗人物的情态表现宗教题材，并探索写实的空间关系和色彩表现，被誉为"近代绘画之父"。

5.马萨乔

　　马萨乔是意大利文艺复兴时期"佛罗伦萨画派"的代表画家之一。他继承和发展了乔托的艺术传统，以科学的探究精神，将解剖学、透视学的知识运用于绘画。他的著名作品是**《出乐园》《纳税钱》**（图3.3）。马萨乔的艺术成就标志着意大利文艺复兴时期**绘画繁荣期**的到来，他所确立的明暗造型法成为文艺复兴绘画的典型样式。

图3.3
马萨乔　《纳税钱》
湿壁画　247cm×597cm
1425—1427

图3.4
波提切利　《维纳斯的诞生》
布面蛋彩　172.5cm×278.5cm
1484—1486

★6.波提切利

　　波提切利是15世纪**佛罗伦萨画派最后的大师**，其作品不再局限于宗教题材，大多取材于神话传说与文学作品，更自由地抒发了个性与世俗的感情。他注重用线造型，发展了中世纪的装饰风格，创造出富于节奏、精致明净的独特画风。代表作有**《维纳斯的诞生》**（图3.4）和《春》。

7.布鲁内莱斯基、吉贝尔蒂、多纳太罗

　　意大利文艺复兴早期在建筑方面的杰出代表是**布鲁内莱斯基，雕塑**方面的代表是**吉贝尔蒂**和**多纳太罗**。布鲁内莱斯基设计和主持建造的佛罗伦萨大教堂穹顶，确立了在方形平面上矗立圆穹的形式，为文艺复兴的教堂风格树立了典范。吉贝尔蒂名垂青史的作品是佛罗伦萨的洗礼堂铜门，该门令米开朗基罗钦佩不已，并将之称为"**天堂之门**"。多纳太罗是吉贝尔蒂的弟子，他创作的青铜雕像**《大卫》**复兴了古代裸体雕像的传统。

★8.文艺复兴"三杰"

　　15世纪末到16世纪中叶，是意大利文艺复兴的全盛期，造就了一批时代的巨

人。在艺术巨人中，尤以被称为"文艺复兴三杰"的**达·芬奇、米开朗基罗**和**拉斐尔**最为杰出，他们发展了15世纪意大利美术的成就，彻底摆脱了哥特式美术的消极影响，把写实技巧发展到近乎完美的程度，创造了文艺复兴美术的典范之作，把意大利文艺复兴美术推上了其历史高峰。达·芬奇的艺术博大精深，完美而又富于哲理，代表作为**《最后的晚餐》**和**《蒙娜丽莎》**。米开朗基罗兼善雕刻和绘画，其艺术强劲雄浑，崇高而又富于激情，代表作有天顶画**《创世纪》**和雕塑**《大卫》**。拉斐尔的艺术则**优雅和谐，理想化而又富于现实感**，代表作**《西斯庭圣母》《雅典学院》**等。

★9.达·芬奇

达·芬奇（图3.5）是意大利"文艺复兴三杰"之一，著名的科学家、工程师和画家，他主张艺术家要以自然为师，要做自然的儿子，将艺术与科学完美结合，发明了**"渐隐法"**（用模糊的轮廓与柔和的色彩使一个形状融入另一个形状之中），成功地表现出人物微妙的内心活动，作品含蓄，充满哲理思考。代表作有**《最后的晚餐》****《蒙娜丽莎》**等。

图3.5
达·芬奇　《自画像》
素描　33.3cm×21.3 cm
1513年

图3.6
米开朗基罗 《垂死的奴隶》
大理石雕塑 高229cm 1513年

★10.米开朗基罗

　　米开朗基罗是意大利"文艺复兴三杰"之一，**著名的雕刻家、画家和建筑师**，他的作品充满英雄主义、被压抑的力量与悲壮的激情，充分发挥了人体的表现力。其艺术特点有：认为雕刻家和上帝一样，把人体从顽石中解放出来；其作品外观看似平静，内心却充满激烈矛盾，充满英雄和浪漫色彩，强劲雄伟，观后让人久久难以平静；善于用人体表达思想、情绪和艺术观念；具有无与伦比的雕刻技巧，是旷世奇才，在雕刻史上是一座难以逾越的丰碑。他主要的雕刻代表作有**《圣母哀悼基督》《大卫》《摩西》《昼》《夜》《暮》《晨》**等，对后世雕刻有无尽的影响力（图3.6）。他的绘画代表作有**《创世纪》**和**《最后的审判》**，建筑代表作是圣彼得大教堂穹顶。

图3.7
拉斐尔　《西斯庭圣母》
油彩　265cm×196cm　1513—1514

★11.拉斐尔

　　拉斐尔是意大利"文艺复兴三杰"之一，其作品优雅、秀美，笔下的人物具有温和、高贵的气质，尤其**以描绘圣母形象著称**。在圣母像及肖像画上，对人物心理因素的揭示达到了空前的高度。他所确立的美的样式成为后来学院派的标准之一，代表作有**《雅典学院》《西斯庭圣母》**（图3.7）等。他在动态的活力与古典平和之中成功地获得了平衡，是文艺复兴中理想与现实独特结合的典范，形成了影响深远的古典模式。

12.《雅典学院》

　　《雅典学院》（图3.8）是拉斐尔的经典作品之一。他把古代的思想家和科学家都集中在一个大厅里，两边有阿波罗和雅典娜的雕像。画面正中是柏拉图和亚里士多

图3.8
拉斐尔　《雅典学院》
壁画　文艺复兴时期

德，一人手指天，一人手指地，他们的手势分别代表各自的学说。《雅典学院》从内容和形式上代表着人文主义思想在文艺复兴时代的最终胜利，也可以看出与古代希腊、罗马艺术的联系。

★13.威尼斯画派

　　威尼斯画派是文艺复兴晚期在以威尼斯为中心的意大利北部地区形成的著名画派，其艺术特点是：十分强调色彩的运用，画面绚丽，注重视觉效果；宗教题材作品中的人物完全世俗化，具有享乐主义的情调；注重对自然风光的描绘，充满抒情的诗意；由于威尼斯气候潮湿，使得湿壁画的创作被扼制，而画于画布上的油画则得到发展。该画派更多地摆脱了封建的、宗教的束缚，美术题材从宗教转向了世俗，着重表现欢乐的现世风情，赞美世俗生活，讴歌人体美，描绘自然风光，具有明显的世俗享乐情调或田园牧歌情调。代表画家有**乔尔乔涅**（niè）、**提香、委罗内塞、丁托列托**等。

★14.提香

　　提香是意大利文艺复兴时期**"威尼斯画派"**的巨匠，其作品色彩强烈、笔触奔

图3.9
提香　《花神》
油画　79cm×63cm　约1516—1520

放，画面响亮，洋溢着生命的活力。他首度挖掘出油画语言的全部可能性，使画布油彩成为以后西方艺术的主要媒介，因此被称为"西方油画之父"。他的油画技法及丰富的色彩对后世绘画色彩及油画技巧方面有深远的影响（图3.9）。代表作有**《乌尔比诺的维纳斯》《圣母升天图》**等。

15.样式主义

　　样式主义是**16世纪中后期在意大利**出现的美术思潮，代表着盛期文艺复兴渐趋衰落后出现的追求形式的保守倾向。当时一批倾慕米开朗基罗和拉斐尔的风格而又务求新奇的艺术家，刻意追求一种视觉效果独特、形式感很强的风格，遂被后人视为"样式主义"，又称"矫饰主义""风格主义"或"手法主义"。它虽仿效米开朗基罗等大师，却只得其形式而失其精神，往往带有刻意雕琢的味道，作品注重人体描绘，但表现夸张近于畸形。样式主义发源于意大利，后来传播到西欧形成国际影响，流行于盛期文艺复兴和巴洛克时代之间。主要代表人物有瓦萨里、庞多尔莫、帕尔米贾尼诺、巴萨诺、罗马诺、布隆齐诺等。其中**帕尔米贾尼诺**是最重要的代表人物，其代表作品是**《长颈圣母》**。

16.尼德兰文艺复兴美术

尼德兰文艺复兴美术通常指15—16世纪中期，**欧洲西北部**(今荷兰、比利时、卢森堡和法国东北部)**地区的美术**。尼德兰美术不仅具有文艺复兴美术的一般特点，还具有自己的特点：风格沉静肃穆，严谨写实，注重细节的刻画，并注重画面的叙事性和寓意性，虽多表现宗教题材，但明显地流露着对现实生活的热爱。16世纪初，风景画和风俗画已经发展为**独立的绘画体裁**。尼德兰美术还发明了**油画材料的技术**，到15世纪时已较完善，有"**欧洲油画故乡**"之称。其著名代表是**扬·凡·爱克**和**老彼得·勃鲁盖尔**。扬·凡·爱克是15世纪尼德兰画派的主要奠基人之一，被称为"油画之父"，代表作是《**根特祭坛画**》。老彼得·勃鲁盖尔是16世纪尼德兰最伟大的现实主义画家，是最早真实描绘农民生活的画家之一，代表作有《**农民婚礼**》等。

★17.扬·凡·爱克

扬·凡·爱克是15世纪尼德兰画派的主要奠基人之一，他奠定了尼德兰文艺复兴艺术的基础，被称为"**油画之父**"，代表作有《**阿尔诺芬尼夫妇像**》和《**根特祭坛画**》，后者由他与哥哥胡伯特·凡·爱克合作完成。虽然扬·凡·爱克的大部分作品是宗教画，但他却突破了宗教画的传统技法，非常重视人物性格与心理的刻画，注重写实。他细心研究了光和色的表现，还对油画方法做了重要改进。在他的笔下展示了现实世界丰富多彩的景象和现世人生的生活，冲破中世纪的禁欲主义，体现了人文主义观念，为尼德兰文艺复兴开辟了道路。

图3.10
扬·凡·爱克 《阿尔诺芬尼夫妇像》
橡木油画 82cm×60cm 1434年

18.《阿尔诺芬尼夫妇像》

《阿尔诺芬尼夫妇像》（图3.10）是尼德兰文艺复兴时期画家**扬·凡·爱克**所画的一幅新婚夫妇的**全身肖像画**，也可以视为一幅**出色的风俗画**。画家精心刻画了一对现实生活中的人物，他们宣誓对婚姻信守忠诚，表现了他们的内在情感，也表现了当时市民阶层的道德观念。

19.《根特祭坛画》

《根特祭坛画》是尼德兰早期文艺复兴时期的杰作，由胡伯特·凡·爱克和扬·凡·爱克兄弟共同创作完成。《根特祭坛画》是一种**多翼式"开闭形"祭坛组画**，其中《羔羊的礼赞》是整幅祭坛画最精彩的画面。虽历经数百年，《根特祭坛画》仍然鲜艳明亮，显示了凡·爱克兄弟对油彩画技法的改进。

★20.老彼得·勃鲁盖尔

老彼得·勃鲁盖尔的艺术产生于尼德兰革命酝酿和爆发时期。他是一位**现实主义艺术家**，早年曾以铜版画家身份从事风景画创作闻名遐迩，1556年左右开始较多地描绘人物，深受博斯的影响。自1563年到逝世这段时间进入了其创作的辉煌时期，创作了大量油画杰作。他在农民风俗画中满怀热情地塑造了许多农民形象，如**《农民舞蹈》《农民婚礼》**。勃鲁盖尔的风景画也十分出色，他喜欢选取全景式构图，意境开阔，风景和人物紧密结合，描绘了农民丰富的劳动生活和农村的秀丽景色，如田园风景组画《收割干草》《雪中猎人》等。在尼德兰人民反抗西班牙统治者

图3.11
勃鲁盖尔　《画家与画商》
255cm×215cm　约1565年

如火如荼 (tú) 的斗争中，勃鲁盖尔创作了《伯利恒的户口调查》《伯利恒的婴儿虐杀》等作品，以宗教画的形式暗示了西班牙军队在尼德兰横征暴敛、残酷屠杀的情景。勃鲁盖尔以艺术为武器，深刻真实地反映了他所处的时代，而成为尼德兰文艺复兴时期最伟大的艺术家 (图3.11)。

21.德国文艺复兴美术

德国文艺复兴美术主要在15—16世纪中期，于16世纪达到极盛。其美术强调真实感与科学性相结合，造型严谨，风格写实质朴，尤其注重刻画人物的个性和内在的精神力量。**丢勒**是德国文艺复兴时期最伟大的艺术家，在油画和版画上都达到了当时最高的艺术水平，代表作有版画《四骑士像》、油画《四使徒》。格吕内瓦尔德与丢勒同时期，主要作品为宗教绘画，代表作有《伊森海姆祭坛画》。

★22.丢勒

丢勒是德国文艺复兴美术巨匠，具有多方面才能，是油画家、版画家、建筑师、水彩画家及艺术理论家。其版画刀法严谨，线条精细缜密，把中世纪为印刷《圣经》而延续下来的木刻图画提高为一种具有高度技巧性的艺术 (图3.12)。其油画

图3.12
丢勒 《坐着的男子与素描画家》
木版画 13.1cm×14.9cm

则精于写实、气魄宏大、色彩鲜丽灿烂，将威尼斯画派的色彩技巧与德国式的理性思想完美结合起来。其艺术特征有：将科学绘画手法引入德国，融南北欧风格于一体；保持德国理性根基，对人体解剖有深刻理解，造型严谨准确，具有宏大气魄，注重心理刻画；丢勒是将德国版画推向高峰的第一人，使版画具有独立的艺术价值；对艺术理论有极大的贡献，整理出版著作有《测量指南》《巩固城市之要术》及四卷《人体比例研究》，他是**透视学研究的先驱之一**。他的代表作品主要有**《四使徒》**。

23.荷尔拜因

荷尔拜因是德国文艺复兴时期著名画家，在**肖像画**领域具有很高的地位。其艺术特点有：与尼德兰油画技法有共同性；具有深刻观察能力、心理把握能力和细节刻画能力；在整体与局部细节关系方面处理得极为完美，对英国肖像画产生了深远影响。他的主要代表作品有**《德国商人基斯肖像》《亨利八世肖像》**等。

★24.枫丹白露画派

枫丹白露画派是**16世纪活跃在法国宫廷的美术流派，法国文艺复兴绘画的重要标志之一**。1530年前后，法国国王弗朗索瓦一世把许多意大利画家请到法国，为他在枫丹白露的宫殿别墅创作壁画与雕刻。此间，一大批法国画家与这些意大利艺术家经常来往，形成了枫丹白露画派，其风格体现了"样式主义"的倾向，并创造了灰泥高浮雕与绘画相结合的新的装饰样式。这种绘画与装饰相结合的方式，推动了绘画与工艺结合的趋势，对后世有很大影响。画派主要代表人物有萨托、罗索、卡隆、普里马蒂乔等人，代表作品有**《埃丝特蕾姐妹》**与**《猎神狄安娜》**。法国枫丹白露画派可以说是**意大利样式主义的翻版**。

25.埃尔·格列柯

埃尔·格列柯（kē）是西班牙16世纪下半期的著名画家，同时也是个**哲学家**，在当时就有人把他看作是**"哲学型的画家"**。在格列柯的作品中经常反映出苦闷、沉思、怀疑、骚动不安的情调，他是一个思想上充满矛盾的画家。他不满意西班牙的上流社会，但又无法从贵族的圈子里走出去和下层人民接触。他用一双悲剧性的眼

图3.13
格列柯　《奥尔加斯伯爵的葬礼》
油画　480cm×360cm　1586—1588

睛注视着现实，他笔下的人物和风景常常是变形的，这正是他激动不安的心情的反

映。其代表作有**《奥尔加斯伯爵的葬礼》**（图3.13）等。

·简答辑要·

★1.简述文艺复兴时期美术的基本特征。

答题要点：

文艺复兴，是指14至16世纪西欧与中欧国家在文化思想发展中的一个时期，它的思想基础是关怀人、尊重人，以人为本位的世界观。文艺复兴运动首先发生在意大利，而后迅速波及尼德兰、德国、法国、西班牙等地。文艺复兴时期美术的基本特征有以下几点：

(1)张开眼睛看人和张开眼睛看世界。他们认为艺术的首要任务是描写人和描写人存在的世界，所以出现了大量的**肖像画和风景画**。

(2)宗教题材的世俗化倾向。尽管这时期的艺术创作还离不开宗教题材，但是艺术家们常常是照着现实生活中的人来刻画圣母、耶稣和其他宗教人物。与此同时，异教题材也开始出现了，人们在这个时期可以在画上看到裸体的维纳斯、沐浴的狄安娜，这种人体的艺术无疑是对中世纪禁欲主义的一种挑战。

(3)文艺复兴时期的美术除了与当时的文学、哲学有联系外，还与自然科学有着密切关系。当时，**不少美术家也是科学家**。

(4)建筑、绘画、雕刻开始各自独立地发展，不再像过去那样多依附于建筑。

(5)美术家的队伍发生了变化。艺术逐渐从僧侣手中解放出来转移到专业工匠手中，从而促使美术家队伍扩大，也出现了各种不同的风格和流派。

2.意大利文艺复兴时期的艺术发展共有几个阶段?各阶段的艺术特色是什么?

答题要点：

(1)意大利是文艺复兴的发源地，基于商业的发达，人们的思想从中世纪解放出来，**强调个人的力量，重视科学，蔑视宗教**。它以人道主义取代非人道主义的禁欲主义，在意识形态上掀起了反对中世纪的斗争，在欧洲形成了被称为继古希腊古罗马之后的第二次文化高峰。

(2)意大利文艺复兴分为**开端、早期、盛期和晚期四个时期**。

①开端：主要指13至14世纪，造型艺术尽管与哥特式雕塑有着密切的联系，但对古罗马艺术的关注却是产生新的表现形式的重要因素，新的写实因素也开始出现。

②早期：主要指15世纪，这时大批艺术家对新的艺术精神和艺术创新因素进入到探索阶段。尽管这时的艺术还不成熟，尚未形成理想化的规范，却能体现出艺术

的真挚和纯朴。

③盛期：主要指15世纪末到16世纪中叶，这是意大利文艺复兴最辉煌的时期，人才辈出，硕果累累，新的古典艺术规范建立，绘画技法得到空前发展。

④晚期：主要指16世纪中晚期，这一时期的艺术家力求探索新的艺术风格，勇于突破盛期的艺术规范，是上承文艺复兴、下启17世纪巴洛克艺术的过渡时期。

★3.简述文艺复兴时期佛罗伦萨画派的艺术特点。

答题要点：

(1)文艺复兴时期的意大利，由于政治、经济、民族传统、地域、社会条件的不同，形成了风格迥异的美术流派，如**佛罗伦萨画派、威尼斯画派、罗马画派、锡耶纳画派**等。佛罗伦萨画派是意大利文艺复兴时期在经济和文化中心佛罗伦萨形成的一个重要画派，它是文艺复兴时期意大利影响最大的美术流派之一(图3.14)。

(2)该画派**以资产阶级上升时期的人文主义思想为主导**，用科学方法探索人体的造型规律，吸取古代希腊、罗马的雕刻手法应用在绘画上，把中世纪的平面装饰

图3.14
波提切利　《帕拉斯与马人》
蛋彩　207cm×148cm　约1483年

图3.15
达·芬奇　《抱貂女郎》
油画　54.8cm×40.3cm　1485—1490

图3.16
拉斐尔　《教皇利奥十世》
油画　154cm×119cm　1517—1519

图3.17
达·芬奇　《圣母圣婴与圣安妮》
木板油彩　168cm×112cm　1510年

图3.18
拉斐尔　《椅中圣母》
油画　直径71cm　约1514年

风格改变为用集中透视、有明暗效果、表现三度空间的画法。他们的画法细腻，画面明暗对比不甚强烈，在作画技法上讲究步骤的按部就班。由于意大利气候的原因，画家们较多使用画布来作画 (图3.15、图3.16)。

(3)除了油画外，佛罗伦萨画派当时多创作大幅湿壁画，主要为宫廷、教会和资产阶级上层服务，从而改变了欧洲中世纪绘画的面貌。佛罗伦萨是15世纪意大利绘画艺术的中心，它决定了这个时期意大利艺术发展的主流，同时也影响了"温布里亚画派"和"帕多瓦画派"。初期代表画家有乔托、马萨乔等，盛期以达·芬奇、米开朗基罗、拉斐尔等画家为代表。佛罗伦萨画派在15至16世纪30年代最繁荣，之后呈衰退之势，取而代之的是以罗马为中心的"罗马画派"。

(4)佛罗伦萨画派注重素描和用线造型、注重理性，追求严谨、崇高的风格，在以宗教神话为主的题材中，把抽象的神像画成世俗化的合乎新兴资产阶级要求的理想的人，成功地创造了人物画新风格 (图3.17、图3.18)。

4.简析达·芬奇的代表作品和他的艺术思想。

答题要点：

　　(1)达·芬奇是文艺复兴时期最杰出的艺术家之一。在艺术创作方面，达·芬奇解决了造型艺术三个领域——**建筑、雕刻、绘画**中的重大课题：①他解决了纪念性中央圆屋顶建筑物设计和理想城市的规划问题；②他完成了15世纪以来雕刻家深感棘手的骑马纪念碑雕像的课题；③他解决了当时绘画中两个重要领域——纪念性壁画和祭坛画的问题。

　　(2)达·芬奇的艺术作品不仅像镜子一样反映事物，而且还以思考指导创作，从自然界中观察和选择美的部分加以表现。其中壁画《最后的晚餐》、祭坛画《岩间圣母》和肖像画《蒙娜丽莎》是达·芬奇一生的三大杰作，是他为世界艺术宝库留下的珍品。

　　①《最后的晚餐》(图3.19)：达·芬奇巧妙的构图和独具匠心的经营布局，使画面上的厅堂与生活中的饭厅建筑结构紧密联结在一起。他挑选关键的时刻进行描绘，在人物布局上，将基督独立于画面中央，其他门徒通过各自不同的手势、表情，分别表现出惊恐、愤怒、怀疑、剖白和慌张的情绪，通过象征真理的耶稣和象征邪恶的犹大之间的戏剧性对比表达了自己对人生的看法。

图3.19
达·芬奇　《最后的晚餐》
壁画　460cm×880cm
1495—1498

图3.20
达·芬奇　《岩间圣母》
木板油画　199cm×122cm
1483—1486

图3.21
达·芬奇　《蒙娜丽莎》
木板油画　77cm×53cm
1503—1505

②《岩间圣母》（图3.20）：作品虽仍然是传统题材，但人物形象的塑造和岩窟幽深的刻画及山岩间花草逼真的描绘，证明他使用的烟雾状笔法已使其绘画技艺在传神写实和艺术加工方面达到了新的水平。作品使用**明确的几何结构**来安排人物，为当时盛行的**金字塔构图**奠定了基础，使整个画面在复杂的动态中取得平衡。柔和的光线不仅使形象的塑造得以深入，也使整个形象具有诗意的光辉。

③1505年，达·芬奇完成了名作《蒙娜丽莎》（图3.21），这幅肖像画的意义在于通过一个普通市民女性的形象表达了人对于自身的肯定以及对美好事物的向往。达·芬奇取材于现实中的真实人物，运用现实主义的创作手法，使蒙娜丽莎富有魅力的青春永恒而鲜活地定格在画面上。从表面上看，达·芬奇以写实技巧刻画了一位气质不凡的夫人，其实他真正表现的是彻底挣脱宗教禁锢的苏醒的人的灵魂，赞美了自然美，高扬了人文精神。

5.简述米开朗基罗的雕塑和绘画代表作品及其艺术特色。

答题要点：

(1)米开朗基罗是意大利文艺复兴时期伟大的画家、雕塑家和建筑师，文艺复兴时期**雕塑艺术最高峰的代表**。他的艺术创作受到很深的人文主义思想影响，他常常以现实主义的手法和浪漫主义的幻想，表现当时市民阶层的爱国主义和为自由而斗争的精神面貌。

(2)他创作的人物雕像雄伟健壮，气魄宏大，充满了无穷的力量。他的大量作品显示了写实基础上非同寻常的理想加工，成为整个时代的典型象征。他在艺术作品中倾注了自己满腔悲剧性的激情，这种悲剧性是以宏伟壮丽的形式表现出来的。他所塑造的英雄既是理想的象征又是现实的反映，这些都使他的艺术创作成为西方美术史上一座难以逾越的高峰。

(3)米开朗基罗生活在意大利社会动荡的年代，颠沛流离的生活使他对所生活的时代产生了怀疑。痛苦失望之余，他在艺术创作中倾注着自己的思想，同时

图3.22
米开朗基罗　《摩西》
雕塑　高235cm
1515年

图3.23
米开朗基罗   西斯庭天顶画
《创造亚当》(局部)   湿壁画

也寻找着自己的理想，并创造了一系列如巨人般体格雄伟、坚强勇猛的英雄形象

（图3.22）。《大卫》就是这种思想最杰出的代表。大卫体格雄伟健美，神态勇敢坚

强，身体、脸部和肌肉紧张而饱满，体现着外在和内在全部理想化的男性美。这尊

雕像被认为是西方美术史上最值得夸耀的男性人体雕像之一。

（4）西斯庭礼拜堂的天顶画《创世纪》（图3.23），表现出他绘画上的独创性，即

通过神的题材表现人的伟力。在表现画中人物时，米开朗基罗并不拘泥于宗教故事

的情节，而是着重表现人物本质力量和内心世界。米开朗基罗认为只有雕塑才是最

好的艺术表现形式，即便在他的画中，人物也俨然是一尊尊大理石雕像，富有光泽

和立体感。

★6.提香的艺术成就对后世油画艺术的发展有何深远影响？

答题要点：

（1）文艺复兴发展到16世纪，人性解放和享乐主义思想已经根深蒂固。意大利文

艺复兴时期威尼斯画派的代表画家提香所在的临海城市，商业繁荣富庶，为艺术家的

成长提供了经济条件。另外，从王公贵族到普通百姓的享乐主义也加速了艺术对世俗

和官能享受的追求，被称为"油画艺术之父"的提香更放纵了这种思想在绘画上的表

现。他在绘画时从不设计草稿，而是凭借感性和饱满的色彩来表现生命和肉感的官能

效果。

(2)提香青年时代在人文主义思想的主导下,继承和发展了威尼斯画派的绘画艺术,把油画的色彩、造型和笔触的运用推进到新的阶段。提香画中所含的情感饱满而深刻,《爱神节》《酒神与阿丽亚德尼公主》等神话题材的作品,洋溢着欢欣的情调和旺盛的生命力。提香中年的画风细致、稳健有力、色彩明亮,晚年则笔势豪放、色调单纯而富于变化,在油画技法上对后期欧洲油画的发展有较大影响。

(3)从艺术语言上分析,提香晚年的作品所要解决的问题是进一步深入地理解**色调的相互关系与明暗的规律**,日益完善造型处理上的笔法运用与色彩安排,绘画的色彩和谐问题以及不拘绳墨的笔触表现问题。提香艺术的优点也正在于此,即笔触的运用方法为造型的表现提供了更多的可靠性,这对17世纪的画家如鲁本斯等人的油画创作产生了深远的影响。

7.简述尼德兰画家博斯的艺术特色。

答题要点:

15世纪末16世纪初的尼德兰经济繁荣,资本主义生产关系有了进一步发展,这一时期出现了著名画家**博斯**。

(1)博斯的艺术在当时独树一帜,那时尼德兰画家特别注意平整细腻的画风,注意形象的如实表现。博斯却往往通过**幻想的漫画式形象**,如老鼠、猴子、妖魔鬼怪或半人半兽影射诸如天主教主教、高级僧侣、神学家、封建主等人物,对他们进行辛辣的讽刺。

(2)博斯开创了一种崭新的绘画风格,他冲破了尼德兰传统绘画中虔诚肃穆的宗教气息,站在进步的人文主义立场上,把批判的矛头对准了天主教会,反对封建主义的思想情绪,这也是**尼德兰新旧教派之间激烈斗争**的一种表现。

(3)在博斯的画作中经常出现一些怪诞、夸张的形象,这些形象以现实生活为依据,又与艺术家本人的幻想相结合,同时写实性的表现手法与浪漫主义的表现手法紧密结合,形成博斯独特的绘画语言,这也是他艺术上的一大特色。在《切除结石》《干草车》等作品中,我们都可以领略到博斯独特的绘画风格。

8.简述德国文艺复兴时期的优秀画家丢勒的艺术特色。

答题要点：

(1)阿尔布雷希特·丢勒是德国文艺复兴时期最伟大的艺术家，他多才多艺，学识渊博，不仅是**油画家**还是**版画家**、**雕刻家**、**建筑师**，**在建筑与绘画理论**方面均有著作出版。

(2)丢勒继承了德国民族美术的传统，又广泛接触过南、北欧的进步文化，逐渐形成了自己的艺术风格，作品中充满了人文主义精神，即使在宗教画中也洋溢着对生活的热爱，塑造了真实生动的人物形象。

(3)丢勒的故乡纽伦堡是当时德国重要的经济文化中心之一，有比较活跃与自由的空气。他曾精心创作了数幅**自画像及德国当代人物肖像**，这些肖像画刻画了资产阶级上升时期的人物，他们意志坚强，充满自信，同时具有**日耳曼人严峻**、**刚毅**的性格特征。

(4)丢勒还用版画反映了**广阔的社会生活**。在欧洲，他是最早表现农民和下层人民生活的画家之一，其铜版画《农民和他的妻子》《三个农民在谈话》《农民舞蹈》等，都从不同角度描绘了劳动人民。丢勒的版画不但数量多、技艺完美，而且蕴藏着丰富的哲理。

·论述专项·

★1.试论述文艺复兴艺术的历史贡献。

答题要点：

14至16世纪是欧洲文化艺术发展史中的一个重要历史时期，即文艺复兴时期，它是继古希腊、罗马后的欧洲文化史上的**第二个高峰**。意大利文艺复兴可分为**初期**、**盛期和晚期**。初期以佛罗伦萨为中心，自乔托始到波提切利止；盛期主要以达·芬奇、米开朗基罗和拉斐尔的艺术成就为标志；晚期则以提香为代表的"威尼斯画派"著称。

意大利早期文艺复兴的美术家，借助理性和科学知识，在绘画领域中进行探索，

图3.24
拉斐尔　《观景殿的圣母》
木板油彩　113cm×88cm　1506年

尽力让二维平面具有三维空间感，为盛期文艺复兴的到来铺平了道路，主要代表性的艺术家有**吉贝尔蒂**，代表作品是**《天堂之门》**。他借鉴绘画手法，利用高低不同的凸起，细腻地塑造着一个个人物的形体和面目，利用透视手段来再现人物的位置、空间环境的深度。

"文艺复兴三杰"的出现标志着意大利文艺复兴美术达到光辉灿烂的鼎盛时

期，他们都达到了超凡的技巧造诣和完美的心灵、眼与手的配合。他们完善了15世纪意大利人的探索，使理性与情感、现实与理想在美术品中获得了完美统一，从而为再现性的美术确立了一种经典样式，给后世提供了效法的最佳范例。达·芬奇是科学家、工程师和画家，他将艺术与科学完美结合，发明了"渐隐法"，成功地表现出人物微妙的内心活动，作品含蓄，充满哲理思考，代表作有《最后的晚餐》《蒙娜丽莎》等。米开朗基罗是雕刻家、画家和建筑师，致力于解剖人体，研究人体的结构和运动。他的作品充满英雄主义、被压抑的力量与悲壮的激情，充分发挥了人体的表现力。雕塑名作有《大卫》《摩西》，绘画有《创世纪》和《最后的审判》，建筑有圣彼得大教堂穹顶。拉斐尔的作品优雅、秀美，笔下的人物具有温和、高贵的气质，尤其以描绘圣母像著称（图3.24）。他所确立的美的样式成为后来学院派的标准之一，代表作有《西斯庭圣母》。

晚期的代表人物是提香，他是威尼斯画派的泰斗，代表作品有《戴荆棘冠的基督》等。在提香晚年的作品中，油画语言的特点得到淋漓尽致的发挥。

文艺复兴美术以人文主义思想和现实主义方法为特点。在以后西方美术的发展历程中，无时不感受到它的强大影响力。欧洲的文艺复兴运动发源于意大利，在其影响之下，西欧各国也都先后萌发了文艺复兴。尼德兰、德国等国都为欧洲文艺复兴美术的发展作出了各自的贡献。尼德兰文艺复兴时期的美术为欧洲油画艺术的产生和发展作出了创造性的贡献，代表画家主要有**凡·爱克兄弟、老彼得·勃鲁盖尔**等人。德国文艺复兴美术以深刻、严肃著称，**丢勒和荷尔拜因**的艺术是其发展高峰。

★2.试论述威尼斯画派的艺术特色。

答题要点：

威尼斯画派是意大利文艺复兴晚期，在以威尼斯为中心的北部地区形成的著名画派。其艺术特色是：

(1)十分强调色彩的运用，画面绚丽，注重视觉效果。佛罗伦萨的画家们重视素描，遵从构图的对称、均衡与和谐，威尼斯的画家们则竭力追求色彩表现与激情传达，它奠定了欧洲近代油画发展的基础。

(2)宗教题材作品中的人物完全世俗化，具有**享乐主义**的情调。佛罗伦萨的美术倾向于宗教《圣经》题材，而威尼斯则更多的是描绘古希腊神话故事。纵情于欢乐与享受，题材以爱情、酒宴、裸体女神为多；画面形象充满激情而富有想象，洋溢着活泼、明朗、欢乐的气氛，很少有悲哀和伤感。女神们具有丰腴(yú)的肌肤、金色的秀发、华丽的服饰，完全是威尼斯上流社会的娇艳女子，放射出人性的光芒。

(3)注重对**自然风光**的描绘，充满抒情的诗意。画家们为迎合王公贵族的享乐需要，不仅描绘美丽的裸女，还配以美丽的自然风光。

(4)由于威尼斯气候潮湿，使得湿壁画的创作被扼制，而画于画布上的油画则得到发展。代表画家有**乔尔乔涅、提香、委罗内塞、丁托列托**等。

3.结合作品论述意大利"文艺复兴三杰"的主要艺术特色和艺术成就。

答题要点：

15世纪末到16世纪中叶，是意大利文艺复兴的**全盛时期**，佛罗伦萨开始失去它作为意大利政治、经济和文化中心的地位，取而代之的是教皇所统治的**基督教首府——罗马**，在艺术上形成了以罗马为中心的**罗马画派**。**罗马画派**的代表画家有达·芬奇、米开朗基罗、拉斐尔，他们三人又被称为"文艺复兴三杰"。

(1)达·芬奇：整个文艺复兴时期最卓越的代表人物之一，伟大的**现实主义画家**。他的代表作品有《岩间圣母》《最后的晚餐》《蒙娜丽莎》等。

①《岩间圣母》：使用明确的几何结构来安排人物，为当时盛行的金字塔构图奠定了基础，使整个画面在复杂的动态中取得平衡；柔和的光线不仅使形象的塑造得以深入，也使整个形象具有诗意的光辉。《最后的晚餐》：挑选关键的时刻进行描绘，所有人的性格都从行动与手势中表达出来，通过象征真理的耶稣和象征邪恶的犹大之间的戏剧性对比表达了自己对人生的看法。《蒙娜丽莎》：这幅肖像画的意义在于通过普通市民女性的形象，表达了人对于自身的肯定及对美好事物的向往。

②达·芬奇不仅是画家，而且也是数学家、力学家和工程师。他的绘画创作在构图、明暗、透视、色彩等方面均有所建树，同时创立了明暗法、薄雾法。他崇尚古典艺术的人文主义，准确再现自然，**科学性**和**理想化**是他创作的最高境界。他的艺术实践和艺术理论是人类文化史上最珍贵的遗产。

(2)米开朗基罗：在雕刻、绘画、建筑等方面都拥有伟大成就的艺术巨匠。他把艺术视为同上帝的创造一样神圣的个人创造，赋予艺术以力量和激情。他的作品有着一股悲愤壮烈、骚动不安的反抗情绪，在艺术创作上也倾注了**满腔悲剧性的激情**。

①米开朗基罗的代表作品有：雕像《大卫》，表现了建功立业以前的大卫，一个充满愤怒的青年人。作品所表现出的力量，是人文主义者向往自由的人所具有的巨大潜力，《大卫》也成为文艺复兴时代英雄的象征。西斯庭礼拜堂的天顶画《创世纪》，表现出他绘画上的独创性，即通过神的题材表现人的伟力，把人的生命获得表现为两只有力的手的接触。

②米开朗基罗艺术中的悲剧性是以宏伟壮丽的形式出现的，他所塑造的英雄既是理想的象征又是现实的反映。

(3)拉斐尔：他创造出盛期文艺复兴典雅、优美具有高度技巧的艺术典型，这是**现实美与理想美的统一**、被后世奉为**古典艺术的楷模**。

①拉斐尔的作品，画面洋溢着明净的色彩，柔和的光线和宁静优雅的节奏感。如《雅典学院》，表现了一个人文主义者对于真理和幸福的追求，人物形体具有强烈的纪念碑倾向，标志着人文主义思想在文艺复兴美术中的最终胜利。

②拉斐尔是**描绘女性形象的大师**。到罗马之前，他笔下的圣母是美丽的平民妇女形象、在她们身上体现出慈爱、善良、温顺的高尚品质，引起人们对生活的憧憬。到罗马以后，拉斐尔的圣母形象仍然是世俗的，但带上了几分贵族气派。如《西斯庭圣母》，画家以优美的、诗一般的绘画语言体现了人文主义的理想，他所确立的美的样式成为后来学院派古典主义的标准之一。

4.论述意大利文艺复兴与尼德兰文艺复兴在美术方面的区别。

答题要点：

(1)意大利文艺复兴与尼德兰相比具有独到的优势。

①欧洲的文艺复兴发端于意大利，资本主义生产在意大利产生的比较早，商业、纺织业、银行业的发达促成城市的发展和文化的复兴。文化领域中的人文主义色彩更为强烈，这也促成了宗教艺术题材向世俗生活的转变。

②意大利拥有丰富的古代希腊、罗马的遗迹和遗物，深厚的古典文化传统为艺术家积聚了强大的创作力量。

③由于城市的兴起, 意大利的科学和文学发展更为迅速, 这也为意大利美术的发展提供了积极有利的条件。

④艺术流派众多, 涵盖广泛。无论从艺术家的创作水平, 艺术作品的数量、质量, 艺术技法等多个方面考察, 意大利文艺复兴时期的美术成就都是一流的, 它也为同时期其他国家、地域的美术发展提供了参考。

(2)尼德兰文艺复兴美术兴起于14世纪末15世纪初, 它接受了意大利的某些美术成果, 但主要是从本地的后期哥特式艺术转变而来。尼德兰美术与意大利美术的主要区别在以下几个方面:

①尼德兰不像意大利那样, 拥有丰富的古希腊、罗马的文化遗产, 尼德兰的艺术家主要是接受中世纪**哥特式**的艺术传统。

②尼德兰艺术的发展缺少像意大利那样的科学和哲学诸方面的配合, 故人文主义的力量不如意大利雄厚。

③意大利的绘画气魄雄伟壮观,而尼德兰的绘画风格则显得纤细、精巧, 甚至琐碎。尼德兰的绘画主要是细密画和祭坛画,注重刻画细节, 人物比较写实, 缺乏理想化的形象。

④尼德兰美术在掌握透视画法和人体结构方面虽不及意大利艺术家, 但写实的精确细微却有过之。他们在西方绘画史上的另一重大贡献是首先使用了油画技法, 然后传入意大利。16世纪是尼德兰文艺复兴美术的第二个发展阶段, 此时的特点是意大利的影响加强, 不少尼德兰画家着意追摹罗马画派和威尼斯画派的艺术, 因此有**"罗马主义"或"罗马派"之称**。他们热衷于透视画法和人体, 特别是裸体表现, 尼德兰美术固有的写实精神有所削弱。

★5.试论述意大利文艺复兴时期威尼斯画派的代表人物及其艺术特色。

答题要点:

(1)威尼斯画派是意大利文艺复兴时期重要的画派之一, 活跃于15至16世纪。意大利的人文主义思想很快影响到了威尼斯的艺术创作, 从15世纪中叶起, 许多宗教题材的美术作品出现了浓郁的世俗化色彩, 画面上追求欢快、激情和狂热的调子。威尼斯画家笔下的圣母和天使, 往往是一些穿着华丽、肌肤圆润的上层妇女形象。

这种追求享乐的思想,在艺术上表现得相当突出,从而形成了这一地区特有的绘画风格,称为"威尼斯画派"。威尼斯画派的画家更注重**风景和色彩**的描绘,作品充满**自由的世俗气息**和**追求舒适豪华**生活的**享乐情调**。威尼斯画派艺术的最高理想,就是充分显示现世生活的一切美好享受。

(2)这一画派中杰出的代表画家有**贝利尼、乔尔乔涅、提香、丁托列托、委罗内塞**等。

①贝利尼:**威尼斯画派**的创始人,注重风景的描绘,把自然景色诗意化,作品充满宁静和淡雅的情调。他的成功之处在于将风景的氛围与画中人物的精神状态紧密结合在一起,色彩和素描的表现力成为首要的因素,这也是威尼斯画派的共性。他的代表作品有:《有小树的圣母》,用刺眼的色彩安排揭示人物内心壮丽感受和精神状态;《神的欢宴》《湖的圣母》,大胆采用外光,色彩明朗鲜艳,流畅的线条富于音乐性。贝利尼作画时的这种和谐优美的基调促进了威尼斯画派的形成和发展。

②乔尔乔涅:威尼斯画派全盛时期的人物,第一个严格意义上的威尼斯画派的画家。他的作品多呈现出诗一般的画面,不仅达到了一种优美的视觉效果,而且有丰富的人文主义内涵。他的代表作品有《三个哲学家》《沉睡的维纳斯》《田园合奏》等,表达了对美丽的大自然和幸福人生的赞颂,有高度的抒情性,且被奇特的理性精神所统领。

③提香:作品显得壮丽、热情、富于想象,色彩强烈,用笔奔放。他笔下的人物更为粗犷,更加意气风发,也更完整。他的代表作品有:《天上人间的爱》,牧歌式的情调,反映出当时在人文学者中流行的新柏拉图主义思想;《乌尔比诺的维纳斯》,追求光与色的波澜壮阔,形象逼真、生动,情节的风俗化处理,加强对世俗欢乐的认同感,反映了他的现实主义艺术观。提香晚年内心充满不安的情绪,笔触显得凝重,色彩更加单纯,如《丹伊娜》等。总之,提香艺术创作的优点在于其笔触的运用方法为造型的表现提供了更多可能性。

④丁托列托:他的艺术理想是"把提香的色彩和米开朗基罗的形体结合起来"。他的画具有宏大的构图、复杂激烈的人物动态和异乎寻常的透视角度,如《圣马可的奇迹》《银河的起源》等。他能够运用**人物动态与光线对比**创造出**生动欢快**的气氛,

主要关心画面的视觉效果。

⑤委罗内塞：作品表现**世俗的欢乐与自由**，如《利未的家宴》《加纳的婚宴》等。

6.试论述尼德兰画派的代表人物及其艺术特色。

答题要点：

尼德兰文艺复兴初期的绘画具有**浓郁的宗教气息**，绘画倾向严肃、静穆，作品多描绘传统宗教题材，体现了现实主义的倾向，画家众多。

(1)**扬·凡·爱克**的大部分作品是宗教画，但他却突破了宗教画的传统技法，非常重视对人物性格与心理的刻画，非常注意写实，细心研究了光和色的表现，还对油画技法做了重要改进。在他的笔下展示了现实世界丰富多彩的景象和现世人生的生活，冲破中世纪的禁欲主义，体现了人文主义观念，为尼德兰文艺复兴开辟了道路。

①扬·凡·爱克约于1425年创作的《教堂中的圣母》刻画了无比亲切的圣母形象。通过高窗射进来的柔和阳光不只冲淡了教堂内庄严肃穆的气氛，而且照在圣母的脸上，使她端庄秀美的面庞神采奕奕，流露出的微笑也更加亲切动人。

②扬·凡·爱克于1432年完成了《根特祭坛画》，这是根特市圣贝文大教堂的一组祭坛画，是尼德兰早期文艺复兴时期的杰出作品。人物形象端庄自然、栩栩如生，花草景物绚丽多彩充满生机。画家热烈地赞颂了人类与大自然，对现实世界采取了肯定的积极态度。

(2)**维登**是15世纪前半叶一位著名的艺术家，他的遗作很多，如《受胎告知》《下十字架》《最后审判》《一个年轻妇女的肖像》等。他的作品大部分为宗教画，少数是肖像画，他在肖像画创作中成就尤其突出。《一个年轻妇女的肖像》刻画了端庄、纯朴的尼德兰妇女典型的形象。《大胆查理肖像》则表现出了这位时年30岁的公爵的性格特征。

(3)15世纪末16世纪初尼德兰经济繁荣，资本主义生产关系有了进一步发展，人文主义思想在尼德兰知识界广泛传播，这时期出现了著名的艺术家**博斯**。

①博斯往往通过幻想的漫画式形象，如老鼠、猴子、妖魔鬼怪或半人半兽影射诸如天主教主教、高级僧侣、神学家、封建主等人物，对他们进行辛辣的讽刺。

②他开创了一种崭新的绘画风格，冲破了尼德兰传统绘画中虔诚肃穆的宗教气

息、站在进步的人文主义立场上，把批判的矛头对准了天主教会，反对封建主义的思想情绪，这也是尼德兰新旧教派之间激烈斗争的一种表现。

③在他的画作中经常出现一些怪诞、夸张的形象，这些形象以现实生活为依据，又与艺术家本人的幻想相结合，同时写实性的表现手法与浪漫主义的表现手法紧密结合，形成博斯独特的绘画语言，这也是他艺术上的一大特色。

(4)老彼得·勃鲁盖尔的艺术产生于尼德兰革命酝酿和爆发时期，作为伟大的现实主义艺术家，他与人民共呼吸、同战斗。

①他早年曾以铜版画家身份，从事风景画创作。他在农民风俗画中满怀热情地塑造了许多农民形象，如《农民舞蹈》《农民婚礼》，刻画了他们豪放的性格，展示了他们充沛的活力。

②老彼得·勃鲁盖尔的风景画也是十分出色的，他喜欢选取全景式构图，意境开阔，风景和人物紧密结合，描绘了农民丰富的劳动生活和农村的秀丽景色。

③在尼德兰人民反抗西班牙统治者如火如荼的斗争中，老彼得·勃鲁盖尔创作了《伯利恒的户口调查》《伯利恒的婴儿虐杀》等作品，以宗教画的形式暗示了西班牙军队在尼德兰横征暴敛、残酷屠杀的情景。

7.为什么称老彼得·勃鲁盖尔是文艺复兴时期尼德兰最伟大的艺术家？

答题要点：

(1)老彼得·勃鲁盖尔的艺术产生于尼德兰革命酝酿和爆发时期。老彼得·勃鲁盖尔是16世纪**尼德兰最伟大的画家**，也是**欧洲独立风景画的开创者**，同时被誉为**"专画农民生活题材的天才"**。

(2)作为伟大的现实主义艺术家，老彼得·勃鲁盖尔深刻贴近生活。他早年曾以铜版画家身份，从事风景画创作。1556年左右开始较多地描绘人物，绘画风格受博斯的影响。自1563年直到逝世这段时间进入了其创作的辉煌时期，产生了重要的油画杰作。他在农民风俗画中满怀热情地塑造了许多农民形象，如《农民舞蹈》《农民婚礼》，刻画了他们豪放的性格，展示了他们充沛的活力。

(3)老彼得·勃鲁盖尔的风景画也是十分出色的，他喜欢选取全景式构图，意境开阔，风景和人物紧密结合，描绘了农民丰富的劳动生活和农村的秀丽景色。如田园风景组画《收割干草》《雪中猎人》《暗日》等，表现了一年四季的自然风光与农民的劳动，情景交融、生机盎然，展现在人们面前的是一幅幅尼德兰农村景色与生活的动人写照。

(4)在尼德兰人民反抗西班牙统治者的斗争中，老彼得·勃鲁盖尔创作了《伯利恒的户口调查》《伯利恒的婴儿虐杀》等作品，以宗教画的形式暗示了西班牙军队在尼德兰横征暴敛、残酷屠杀的情景。还有少数作品如《绞刑架下的舞蹈》《盲人》，前者歌颂森林游击队"林中乞丐"的战斗生活与乐观主义精神，后者警告人们要注意可能出现的盲目因素。老彼得·勃鲁盖尔以艺术为武器，深刻真实地反映了他所处的时代，从而成为尼德兰文艺复兴时期最伟大的艺术家。

8.结合作品分析西班牙艺术奇才埃尔·格列柯的艺术特色。

答题要点：

(1)**西班牙16世纪下半期地方画派中最著名的画家是埃尔·格列柯**。在他的作品中经常反映出苦闷、沉思、怀疑、骚动不安的情调，这与他所处的时代、社会有关。格列柯是一个很有才能的画家，也是一个在思想上充满矛盾的画家。他不满意西班牙的上层社会，但又无法从贵族的圈子里走出去和下层人民接触，他用一双悲剧性的眼睛注视着现实。他笔下的人物和风景常常是变形的，这正是他激动不安的心情的反映。

(2)**《奥尔加斯伯爵的下葬》**是他的一幅重要作品。这幅画的意义在于它既表现了奇迹，又不完全相信奇迹，重在表现当时人们复杂矛盾的心情，这种心情也代表了画家本人的心情。他的作品好像不是把人们引向宗教，而是引向社会，引向人们对社会的沉思。

(3)格列柯既是一个画家，也是一个哲学家，在当时就有人把他看作是哲学型的画家。进入17世纪，埃尔·格列柯的思想变得更加矛盾和复杂，这种思想直接影响了他的艺术。他的晚期作品更表现出变形和骚动不安的特色，如他创作的**《使徒彼得和使徒保罗》**就是这样的作品，油画**《拉奥孔》**同样是一幅表达怀疑情绪和人生痛苦的作品，画家把这个神话中的人物表现得**极有悲剧气氛**。拉奥孔正在与毒蛇进行死亡前的对话，面部带着悲壮的情感。复仇女神壁上观，好像是历史的见证者。

(4)格列柯的创作中还有一部分最有价值的作品，那就是他的**肖像画**。他是位传神写真的能手，善于深入细致地刻画人物的心灵世界。格列柯的肖像很注重描绘人物的眼和手。《尼·德·格瓦拉》就是一幅非常富有特色的肖像画，他毫不美化这位宗教裁判所的大法官。这位法官虽然身穿华服，但却无法掩盖他那阴险、冷酷的性格，由此让人联想到当时在西班牙专横跋扈（hù）的宗教势力。

(5)格列柯也善于画圣母的形象，往往在优美的圣母像上包含着他对人性的追求，透露出人文主义的思想感情，如**《圣家族》**。

(6)格列柯前期的代表作还有《吹火的孩子》《清洁圣殿》《圣母升天》《腓力二世之梦》《圣莫里斯的殉教》等。综观他的一生，毫无疑问他是个伟大的艺术家，他的作品独具一格地反映了西班牙的那个危机年代。

四　17世纪欧洲美术

·名词解释·

★1.巴洛克

巴洛克艺术产生于**17世纪的意大利**，后流行于全欧洲。"巴洛克"是一个贬义词，一般含有奇形怪状、矫揉造作或畸形的珍珠之意，18世纪的一些古典主义理论家用以嘲讽具有这种奇特风格的艺术。该艺术主要服务于**天主教会**，多表现宗教题材和从事教堂装饰，远离生活和时代。其一般特点是，无论建筑、雕刻、绘画都强调运动感、空间感、豪华感、激情感，有时还带有神秘感，并重视建筑、雕刻和绘画相结合的综合性艺术手法。巴洛克艺术在建筑和雕刻方面的大师是意大利的**贝尼尼**，在绘画方面的大师是佛兰德斯的**鲁本斯**。

★2.鲁本斯

鲁本斯是17世纪**佛兰德斯**最伟大的**巴洛克**画家，作品具有宏大的场面，强烈的运动感，富于想象力和戏剧性。人体造型丰满雄健，色彩鲜艳饱满，给人以富丽堂皇、欢腾鼓舞的艺术感受。综观其艺术生涯，最为可贵的是人文主义思想和世俗精神贯穿始终，作品洋溢着感人的生命力，热情讴歌了人的伟大力量和壮美永恒的大自然。其艺术风格和成就对后世几代艺术家都产生了巨大影响。代表作有《抢劫吕西普斯的女儿》《玛丽·德·美第奇的生平》。

★3.《抢劫吕西普斯的女儿》

《抢劫吕西普斯的女儿》(图4.1)由佛兰德斯画家鲁本斯创作完成，是典型的

图4.1
鲁本斯
《抢劫吕西普斯的女儿》
油画　222cm×209cm
1616—1619

为**满足宫廷贵族和天主教会**审美趣味而创作的巴洛克风格作品。题材取自希腊神话中众神之主宙斯的孪生子劫夺迈锡尼国王两个女儿的神话故事。借古代所谓"抢婚"的风俗，歌颂勇士们对爱情的大胆追求，体现了画家的人文主义思想，肯定与赞美"人"与"人生的欢乐"。作品构图具有强烈的动势、颜色鲜艳亮丽、对比强烈，妇女形体造型追求粗壮有力的肉感，充分体现出艺术家特有的驾驭复杂构图的能力和坚实的造型功力。作品在暴力的表象中歌颂着生命的激情，而鲁本斯娴熟绘画技巧的运用增添了画面的艺术情趣和美感。

4.巴洛克建筑

兴盛于17世纪的巴洛克风格表现在造型艺术的所有方面，它服务于教会上层和宫廷贵族，讲求富贵与豪华，强调感官享受，具体到建筑上的特征是：强调实体与空间的运动感，一改文艺复兴建筑简练庄重的水平线造型，大量采用曲线与曲面，构造丰富多变；大量使用贵重材料，充满装饰，极力炫耀财富；将**建筑与雕刻、绘画结合**起来，通过富丽的装饰、大面积的壁画、动势强烈的雕像和绚烂的色彩来营造一种舞台般的幻觉效果。

图4.2
贝尼尼 《圣德列萨祭坛》
雕塑 1645—1652

★5.贝尼尼

贝尼尼是意大利**巴洛克艺术**最杰出的代表,在建筑和雕塑上取得了巨大的成就。他设计了圣彼得大教堂前的广场和柱廊,气势宏大,富于动感,与米开朗基罗的大教堂穹顶相呼应,成为罗马城中最壮丽的景观。他注重人的情绪表现,擅长制造生动强烈的戏剧性效果,著名雕塑**《圣德列萨祭坛》**(图4.2)描述了圣德列萨被天使之箭刺中心脏,在痛苦与欢欣交织中体验到上帝之爱的情景,给人身临其境的感觉。他的作品量极大,主要代表作品有**《阿波罗与达芙妮》《圣德列萨祭坛》《四大河喷泉》**等,是一位承前启后的巴洛克艺术大师。

6.古典主义美术

古典主义美术始于16世纪末17世纪初的**意大利学院派艺术**,17世纪在法国与颂扬王权、服务宫廷的需要相适应,获得了高度发展,对欧洲美术发展有广泛影响。古典主义美术强调以古希腊、罗马和文艺复兴盛期的艺术传统为典范,主张理性重点原则,追求理想化的美(绝对美),并讲究美术语言、形式的规范化。一般具有形象高贵典雅、构图稳定和谐、造型严谨明确、色彩纯净明丽等特点,题材多表现神话故事和历史故事,并赋予寓意、象征的内涵。17世纪法国古典主义大师是**尼古拉·普桑**,他被誉为**"法国绘画之父"**。尼古拉·普桑的代表作品有**《阿尔卡迪牧人》**(图4.3)。该流派对19世纪新古典主义有直接的影响。

图4.3
普桑   《阿尔卡迪牧人》
油画   185cm×121cm   1635—1637

7.尼古拉·普桑

尼古拉·普桑（图4.4）是17世纪**法国古典主义**的代表人物。其艺术特征有：以古代希腊罗马艺术为准则，潜心研究古代文化；具有追求理想美的典型性格，造型严

图4.4
普桑   《自画像》
油画   98cm×74cm   1650年

谨、准确，所表现的神话人物都具有一种高雅的气质；通过绘画表达了自己对人生哲理的深刻认识。他的代表作品有**《抢劫萨宾妇女》《阿尔卡迪牧人》**等。他的风景画在美术史上被称作**"理想的风景画"**，在以自然风光为主体形象的画中，加入古代神话传说和圣经故事，寓含某种深刻的哲理，对后世有极大的影响。

8.克洛德·洛兰

克洛德·洛兰是一位杰出的**古典主义风景画家**，是美术史中罕见的**风景画奇才**。其主要艺术特点有：作品取材于古希腊罗马遗迹，或以希腊罗马神话典故作为画面点缀；他是美术史中首次成功地将**自然光拉入画面**的画家，其风景画能使人感受到光的实在性。风景画被列为比较高级的一个画种的观念，大部分功绩要归于洛兰。其代表作品有**《港口夕阳》《克力奥巴特拉女王抵达塔尔苏斯》**等。

9.波伦亚美术学院

波伦亚美术学院是由卡拉齐三兄弟在波伦亚创立的，成为欧洲比较有影响的**第一所美术学院**。其基本主张是要保持古代和文艺复兴大师艺术的永恒性，把大师们的艺术看成是楷模。他们折中师法大师艺术风格，创立一种学院派的巴洛克绘画的变体风格。学院奠定了**以素描为基础的教学体系**，使欧洲教育脱离了行会传统方法。但由于他们只是挪用大师的造型风格，显露出明显的局限性，思想感情薄弱，整体欠缺。

10.现实主义美术

现实主义美术敢于真实地反映自己的时代、不加粉饰地描绘生活，多直接选取下层人物的生活作为题材，作品表现了一定的**民主色彩和社会批判因素**。一般具有朴素写实、严峻深沉、多使用明暗对比法等特点，追求真实生动和内在感情的表现。**卡拉瓦乔**是17世纪意大利现实主义的开创者，影响了整个欧洲的现实主义美术。**委拉斯贵支**是17世纪西班牙最伟大的现实主义画家，代表作有**《纺织女》《教皇英诺森十世像》**等。

11.卡拉瓦乔

卡拉瓦乔是17世纪**现实主义**艺术最主要的代表人物。他将下层平民形象引入宗教画中，把神圣的宗教题材当作日常生活的风俗画来描绘，作品具有社会批判色彩。在绘画语言上大胆革新，创造出一种强调明暗对比的"酒窖光线"画法。"卡拉瓦乔主义"作为一种思潮在17世纪的欧洲各国普遍流行，不仅在当时将现实主义艺术推向了一个新的阶段，而且还对18世纪的市民艺术、19世纪的批判现实主义艺术产生了深远的影响。他的主要代表作有《女卜者》《基督召唤使徒马太》等。卡拉瓦乔在意大利艺术趋于沉寂之时，唯我独醒，独占鳌头，为后世油画创作增添新的技法，在欧洲艺术史上具有很高的地位。

★12.委拉斯贵支

委拉斯贵支是西班牙17世纪最著名的**现实主义绘画大师**。他的艺术继承了塞维利亚画派的民主思想和世俗美术的传统。他总是自觉或不自觉地以平民阶级的视角去观察现实。其肖像画努力克服俗套的姿态，着重揭示人物性格、本质和典型特征，不断探究色彩的表现力而且成就显著，在美术史上被称为**色彩大师**，代表作有《纺织女》《教皇英诺森十世像》（图4.5）等。

图4.5
委拉斯贵支　《教皇英诺森十世像》
油画　140cm×120cm　1650年

★13.荷兰画派

17世纪的荷兰画派是**现实主义美术**的典型代表。荷兰画派绘画作品反映了新兴资产阶级和市民阶层的审美趣味，以真实、广泛地表现和赞美人的现实生活、人的情感与愿望以及生活环境和自然景色等为己任，具有生动写实、朴实亲切、通俗易懂、雅俗共赏等特点，从而彻底摆脱了宗教和宫廷对绘画的束缚。这一方面使艺术在反映现实生活的深度和广度方面获得了大发展，另一方面也使绘画在题材和体裁方面产生了专业分化，在肖像画、风俗画、风景画、静物画、动物画等方面都取得了突出的成就，推动了欧洲美术的发展。伦勃朗是"荷兰画派"的代表画家，代表作是《**夜巡**》。

★14.哈尔斯

哈尔斯是17世纪荷兰杰出的油画家，**荷兰现实主义奠基人**。其艺术特征是取材于下层贫民，赋予普通人艺术地位。所画的风俗画，给人的感觉既是肖像画又是风俗画，画面外总让人感到还有人存在。哈尔斯创作的肖像画中充满了一种**乐观向上**的情绪，在绘画技巧上也别具一格，运用大笔触表现豪爽自信的人物形象，洋溢着浓郁的生活气息。他喜欢选取**半身近景**的构图，特别注重人物面部表情的刻画，善于表现人物的性格特征和心理状态，画面生动活泼。哈尔斯的绘画代表作有《**吉卜赛女郎**》《**微笑的骑士**》等。

★15.伦勃朗

伦勃朗是17世纪荷兰最杰出的画家，在肖像画、风俗画、历史画等多方面都有惊人的成就，一生坎坷却始终坚持现实主义创作道路。他把卡拉瓦乔的强烈明暗对比画法加以发展，形成了自己的独特画风。其肖像画不同于一般古典艺术的结构和写实，而是表现个人的特点与风格，表现精神面貌的无穷及无法肯定的复杂性，把明暗关系作为揭示人物心理因素的手段，深刻揭示各色人物丰富的内心世界。作品具有深刻的艺术思想性，既体现了个人境遇又暗示了他对社会、人生的看法。代表作有《**杜普教授的解剖学课**》《**夜巡**》及大量的《**自画像**》等，他为欧洲现实主义艺术的发展作出了极其重大的贡献，也使17世纪荷兰绘画在世界美术史上放射出夺目的光彩。

图4.6
伦勃朗　《夜巡》
油画　363cm×438cm　1642年

16.《夜巡》

　　《夜巡》（图4.6）是17世纪荷兰杰出画家伦勃朗的代表作，创作于1642年，是一幅描绘阿姆斯特丹射击手连队的**群体肖像画**，但艺术家突破一般肖像画作品的表现手法，用主题性情节表现连队成员因执行一件紧急任务而即将出发时的情景。画面整体处理得富有戏剧性，人物动态各异、形象生动，明暗变化强烈。作品打破了巴洛克风格的豪华与奢侈，确立了现实主义的艺术创作原则，在艺术性或思想性上具有不可低估的价值。画面因年久熏浊，画面黑暗，似于夜间紧急集合，故称"夜巡"，并非画作原名。

17.荷兰小画派

　　荷兰小画派是专指17世纪以小幅画来满足广大市民阶层装饰需要的荷兰画派，题材有风景画、静物画、风俗画、肖像画等，画派中有成就的代表人物有风俗画家维米尔、风景画家霍贝玛等人。维米尔喜欢用蓝、黄两种色调描绘市民家庭妇女的日常生活，着重刻画自然光线的微妙变化，造型简洁洗练，画面充满宁静、安适的生活气息。代表作有**《倒牛奶的女仆》《花边女工》**等。

图4.7
维米尔　《倒牛奶的女仆》
油画　45.5cm×41cm　1658—1660

★18.维米尔

维米尔是荷兰17世纪独特的**风俗画**大师、**"荷兰小画派"**的代表人物之一。其艺术特征有：作品取材于普通市民生活，给予诗意化的表现；对光线极度敏感，尤其是对异常独特的黄、蓝色彩极为偏爱，画面设色与内容取得了和谐；运用新的技法获得了出众的光感效果，即点缀物体轮廓之外的珍珠般的光点使画面清澈、明净；依靠一种抒情的调子达到引人入胜的效果，把人带入无限的遐想之中，使简单平凡的动作姿态笼罩在深具迷惑力的永恒气氛中，他的艺术作品一直是后世尊崇的对象。其代表作品有《**倒牛奶的女仆**》（图4.7）、《**花边女工**》等。

·简答辑要·

★1.试概述巴洛克艺术的风格特征及代表画家。

答题要点：

(1)巴洛克艺术的主要风格特征为：

①作品主要服务于**天主教会**，多表现宗教题材和执事教堂装饰，具有浓厚的宗教色彩；

②具有**豪华特色和享乐主义**的色彩，有时还带有点神秘感；

③打破理性的宁静和谐，具有浓郁的**浪漫主义**色彩，强调想象力；

④强调激情和强烈的**运动感**，关注作品的空间感和立体感；

⑤强调艺术形式的**综合**，重视建筑与雕刻、绘画的结合。

(2)代表画家：意大利的**贝尼尼**在建筑、雕塑方面成就突出，而佛兰德斯的**鲁本斯**则是巴洛克艺术在绘画方面的杰出代表。

2.概述17世纪意大利学院派美术遵循的艺术法则和艺术特点。

答题要点：

1590年，由卡拉齐兄弟在意大利创立了波伦亚学院，**它是欧洲第一所美术学院**，其目的是继承前辈大师的艺术传统，培养新的艺术人才：该学院不受当时兴起的样式主义美术和卡拉瓦乔主义美术的干扰，将年轻艺术家引向所谓的正路。

(1)**艺术法则**：学院派强调绘画的最高标准是米开朗基罗的人体、拉斐尔的素描、威尼斯画派的色彩等。

(2)**艺术特色**：

①由学院派所遵循的法则可以断定其具有折中主义的特色。

②由于过于强调法则，学院派的画家比较保守，缺乏创新精神。

③作品题材狭窄，多描绘宗教或神话，对世俗生活题材往往不感兴趣。

④在技法上，重素描而轻色彩。

3.简述17世纪意大利艺术家卡拉瓦乔的风格特征及时代影响。

答题要点：

卡拉瓦乔是17世纪**现实主义**艺术的杰出代表，也是一位具有独特个性和风格的艺术家，被称为"**推开17世纪大门的人**"。

(1)卡拉瓦乔的艺术风格特征为：

①从不遵循古典模式，不承认任何既定的法则，其艺术旨趣是描写亲眼所见的真实，描绘生活中平凡的或下层生活中的普通形象。

　　②作品虽大多冠以宗教的标题，但却将下层平民的形象引入宗教画中，把神圣的宗教题材当作日常生活的风俗画来加以表现，作品具有一定的民主色彩和社会批判因素。

　　③在艺术表现手法上，卡拉瓦乔大胆革新，创造出一种强调明暗对比的"**暗绘手法**"，用光作为塑造形象、构图布局、突出戏剧性主题的重要手段，一般具有朴素写实、严峻深沉的特征。

　　(2)卡拉瓦乔是17世纪意大利现实主义艺术的**开创者**，影响了整个欧洲现实主义美术的发展。卡拉瓦乔不仅将17世纪的现实主义美术推向了一个新的阶段，而且还对18世纪的市民写实艺术、19世纪的批判现实主义艺术产生了深远影响。

4.概述西班牙现实主义画家委拉斯贵支的艺术创作类型、代表作以及艺术特色。

答题要点：

图4.8
委拉斯贵支　《宫娥》
油画　318cm×276cm　1656年

委拉斯贵支是17世纪西班牙的宫廷画家。他研究了意大利文艺复兴时期的作品,尤其是**提香**作品中对色彩的运用对他启发很大,但对他的艺术创作影响最大的是**卡拉瓦乔**的现实主义艺术。

(1)艺术创作类型及代表作:①描绘下层劳动人民生活的风俗画。代表作有《**早餐**》《**煮蛋的老人**》等。②描绘宫廷生活题材和上流社会人物的作品。代表作有《**宫娥**》(图4.8)、《**教皇英诺森十世像**》等。

(2)艺术特色:委拉斯贵支对人物的表现真实深刻,无论是宫廷贵族还是下层百姓,从不美化和粉饰;不仅注重人物复杂内心的刻画,更带有社会和时代的烙印,有时还具有社会批判意味。

5.简述17世纪佛兰德斯绘画的代表人物以及艺术特色。

答题要点:

(1)17世纪佛兰德斯绘画以**鲁本斯和凡·代克**为代表。

(2)鲁本斯的作品具有宏大的场面和强烈的运动感,富于想象力和戏剧性。人体造型丰满雄健,色彩鲜艳饱满,给人以富丽堂皇之感。代表作有《抢劫吕西普斯的女儿》《玛丽·德·美第奇的生平》等。

(3)凡·代克以**肖像画**著称,作品主要表现对象为宫廷贵族,所以形成典雅华丽的风格。他笔下的人物都有一种沉静文弱的气质,翩翩优雅的风度,甚至还有一些作者主观臆造的、将对象加以美化的成分。他比较注意刻画人物的身姿与手势,突破了英国传统肖像画比较呆板的构图,加之画家精到娴熟的绘画技巧,对英国肖像画的发展有深远影响。代表作有《查理一世行猎图》等。

6.简述17世纪荷兰肖像画家哈尔斯的艺术特色。

答题要点:

哈尔斯是17世纪荷兰杰出的肖像画家,也是**荷兰现实主义**画派的奠基人。他的作品充满一种**乐观向上**的情绪,在绘画技巧上也别具一格,运用流畅奔放、挥洒自如的大笔触表现豪爽自信的人物形象,这是其肖像画的突出特点。哈尔斯的肖像画作品主要可以分为两类:

(1)**单人**肖像画。作品多表现荷兰市民健康、愉快、充满生命力的形象,反映革命胜利后荷兰人民朝气蓬勃的精神面貌。作品多选取半身近景构图,注重刻画人物的性格特征和心理状态,画面生动活泼。代表作品有**《吉卜赛女郎》《弹曼陀林的小丑》《微笑的军官》**等。

(2)**团体**肖像画。哈尔斯除了创作单人肖像画,还接受一些团体委托,创作了一系列团体肖像画。画面人物情绪高昂,气氛活跃,充满了荷兰人自信、自豪的时代气息。作品中人物安排错落有致,突破了传统的呆板、平整布局,努力营造一种热烈气氛,但不足之处在于,因团体肖像画的订件者要求艺术家对画面中每个人都给以平等的表现机会,从而导致**画面缺少中心人物和主题**。

7.简述17世纪荷兰小画派的艺术特点。

答题要点:

17世纪的荷兰,除了哈尔斯、伦勃朗这样一些伟大的现实主义艺术家之外,还涌现出了一批出色的画家,被称为"**荷兰小画派**",其典型代表是**维米尔**。该画派的艺术特点主要表现为:

(1)作品画幅比较小,适合市民阶层悬挂于室内以装饰居室之用。

(2)作品不表现重大的社会题材,反而特别注重对生活细节的描绘,以迎合市民阶层的审美趣味。

(3)艺术风格朴实生动、雅俗共赏。

(4)画面多表现妇女梳妆打扮、弹琴唱歌、读书写信或做轻微的家务劳动,缺乏深刻的思想内涵,表明荷兰艺术在蓬勃发展过程中的局限性。

·论述专项·

1.试论述17世纪荷兰绘画的主要成就。

答题要点:

(1)17世纪为荷兰绘画的黄金时代。17世纪的荷兰因为资产阶级革命的胜利,经济和文化欣欣向荣,成为当时欧洲先进思想的中心之一。在这一时期,荷兰绘画摆脱了对宫廷贵族和天主教会的依附,开始为资产阶级和新兴的市民阶级服务,用写实手法在作品中表现普通市民的生活和自然风景等,作品具有生动写实、朴实亲切、通俗易懂、雅俗共赏等特点。绘画逐渐普及到中、小资产阶级和市民阶层中去,并成为一种商品大量进入市场。

(2)17世纪的荷兰绘画一方面使美术在反映现实生活的深度和广度方面获得了大发展,另一方面也使绘画在题材和体裁方面产生了**专业分化**,在肖像画、风俗画、风景画、静物画和动物画等方面都取得了突出成就,推动了欧洲美术的发展。17世纪荷兰最重要的风俗画家有伦勃朗、哈尔斯、维米尔及风景画家雷斯达尔、霍贝玛,静物画家考尔夫、克拉斯等。

2.试析17世纪末的法国色彩与素描之争。

答题要点:

(1)色彩与素描之争发生在17世纪末的法国,从**皇家美术学院内部开始**,结果影响到整个18世纪的画坛风气。

图4.9
勒布仑　《达尔贝之战》
油画　479cm×1264cm
1669年

(2)论争双方的领袖一边是路易十四的首席宫廷画师**勒布仑**（图4.9），一边是他的继任者**米尼亚尔**。

(3)勒布仑推崇法国古典主义大师普桑，认为"启迪心灵的素描高于刺激感官的色彩"，色彩不过是装饰的附属物，素描才是形式的根本。

(4)米尼亚尔则标榜佛兰德斯巴洛克艺术家鲁本斯，主张"能够强烈表达人的感觉的色彩比素描更忠实于自然"，认为绘画是外表现象的模仿，而色彩是最有利的模仿手段。

(5)勒布仑去世后，米尼亚尔派占据了压倒性优势，鲁本斯以及威尼斯画派的色彩大师提香、委罗内塞等成为法国画家争相追摹的对象，从而为法国画坛一代新风——**罗可可艺术的出现开辟了道路**。

3.试论述你对"17世纪的意大利美术具有承前启后作用"的理解。

答题要点：

17世纪的意大利美术并非一种艺术风格一统天下，而是多种风格并存发展，主要存在三种艺术流派，即**学院派艺术**、**巴洛克艺术**以及**卡拉瓦乔主义**。各流派之间既有融合也有斗争。

(1)17世纪意大利美术的"承前"主要是指继承文艺复兴时期美术的某些传统，这一点在三个艺术流派中都有体现。学院派艺术遵循折中主义的原则，力图融文艺复兴时期诸位大师的优点于一身，形成理想美的画面。巴洛克艺术和卡拉瓦乔主义虽在艺术观念和艺术风格上有所创新，但并未摆脱文艺复兴的传统。

(2)17世纪意大利美术的"**启后**"主要体现在：学院派艺术影响了古典主义艺术的发展；巴洛克艺术影响了罗可可艺术和浪漫主义艺术；而卡拉瓦乔主义不仅在当时影响了欧洲各国的现实主义艺术，还对18世纪的市民写实艺术、19世纪的批判现实主义艺术都产生了深远影响。

4.论述荷兰风景画的艺术成就。

答题要点：

(1)16世纪的绘画大师**帕提尼尔**和**老彼得·勃鲁盖尔**曾经进行过风景画的大胆探索，使风景在画面中取得了支配地位，但他们并没有使风景摆脱人物而存在，风景仍然是人物活动的背景。

(2)**17世纪**是荷兰风景画发展过程中的一个关键时期，形成了**完全独立的风景画科**。在17世纪荷兰的一些风景画中，人物形象只作为风景的点缀而出现或完全消失，风景画发展成为**完全独立**的绘画体裁。

(3)荷兰的艺术家们通过描绘沙丘、海滩、风车、牛群、平坦的土地、茂密的森林这些典型的**荷兰风光**来表达他们对祖国秀丽山川的热爱之情，从而为荷兰风景画的发展做出了各自的贡献。例如：①艺术家**雷斯达尔**擅长表现湍急的河流、飞泻的瀑布、山间的城堡和荒凉的废墟，作品气势雄伟、激情澎湃、充满英雄史诗般的悲壮感。②艺术家**霍贝玛**是雷斯达尔的学生，但他的作品却像优雅的田园抒情诗般自成一格。

五　　18世纪欧洲美术

·名词解释·

★1.罗可可艺术

罗可可艺术产生于18世纪的**法国**，是为**上流社会享乐服务的艺术**，多描绘神话故事、情爱故事和裸女形象，追求轻松愉悦、感官享乐，甚至艳情风尚，具有纤巧、柔媚、华丽、精致等特征，充满脂粉气。罗可可艺术虽不免浮华做作，缺乏神圣的力量和深刻思想，但在摆脱宗教束缚、使艺术转向反映现实生活方面迈进了一大步，并在美术形式、手法、技巧等方面有重要贡献。主要代表人物及作品**有华托的《舟发西苔岛》、布歇的《浴后的狄安娜》、弗拉戈纳尔的《秋千》**（图5.1）等。由于法王路易十五的情妇蓬巴杜夫人是罗可可艺术最有力的保护人，罗可可风格也被称为"**蓬巴杜风格**"。

图5.1
弗拉戈纳尔　《秋千》
油画　81cm×65cm　约1767年

图5.2
夏尔丹　《鳐（yáo）鱼》
油画　114cm×146cm
1726—1727

★2.荷加斯

　　18世纪上半叶著名画家荷加斯，是英国第一位享誉欧洲的大画家。荷加斯的创作以铜版画和油画风俗组画及肖像画为主，其风俗组画以讽刺性手法表现中产阶级生活，揭露社会丑恶现象，宣传伦理道德观念，代表作有**《浪子生涯》《文明婚礼》**；其肖像画善于突出人物个性和社会特征，以**《卖虾女》**为典型。他还留下了一部重要的理论著作——**《美的分析》**。

3.夏尔丹

　　夏尔丹是**法国18世纪杰出的油画家**，其作品以反映**市民生活的风俗画和静物画**为主（图5.2）。其作品主要特点有：使艺术尽可能真实，强化体积，色调厚重，轮廓处理巧妙；善于表现室内人物，以柔和的灯光表现出温馨的气氛；使小题材在艺术上具有更高的价值。其静物画在美术史中也具有极高的价值，表现出的色彩功底令人赞美，是油画史上杰出的色彩大师。代表作品有《铜水罐》《带高脚杯的静物》等。

★4.新古典主义美术

　　新古典主义美术兴起于18世纪后半期，流行于19世纪前半期，在法国表现得尤为典型，它**与法国资产阶级大革命相结合**，成为具有时代革命意义的美术流派。新古典主义美术仍保留有古典主义美术的基本特点，借用古代英雄主义题材和表现形式，描绘现实斗争中的重大事件和英雄人物，直接为资产阶级夺取政权和巩固政权服务。因此，新古典主义又称"**革命古典主义**"。它遵循古典法则，选择严肃主题，追求塑造的完美，坚持严格的素描和明朗的轮廓，极力减弱绘画的色彩要素。它以古代的理想美为典范，同时又从现实生活中汲取营养；它强调理性原则，同时又富于时代精神和思想热情。正是这种**现实性、时代性**使之成为"**新古典主义**"。新古典主义绘画的杰出代表是**大卫和他**的学生**安格尔**，雕塑方面的代表是**乌东**。

★5.大卫

大卫是**新古典主义美术的创始人**。他历经法国大革命、拿破仑执政、波旁王朝复辟等政治变革，坚持古典主义立场和观点，强调造型、素描和古典绘画原则，创作了大量的作品，也培养了大批学生，成为新古典主义的典型代表者。大卫的作品侧重于英雄伦理内容，代表作品有《**荷拉斯兄弟的宣誓**》《**拿破仑一世及皇后加冕式**》《**马拉之死**》（图5.3）《**萨宾妇女**》等。作为**新古典主义艺术大师**，他在艺术界的影响极为深远。

图5.3
大卫 《马拉之死》
油画 168cm×165cm 1793年

★6.安格尔

安格尔是大卫的学生,**新古典主义的最后一位大师**。他追求"绝对的美",认为古希腊和拉斐尔的艺术是"完美无瑕"的典范,**并认为造型的形式美才是绘画的根本,"一切决定于形式"**。从思想倾向看,他是**比较保守的**。作为与浪漫主义论战的主将,他推崇历史画,推崇古典的艺术法则,指责德拉克罗瓦用艺术表现政治斗争;强调理性原则,重视素描和线条的作用,忽视色彩的表现作用,并反对直接表达感情和想象。重要的作品有历史画**《路易十三的誓言》《荷马的礼赞》**等、肖像画**《利维尔夫人像》《贝尔丹先生像》**等,以及最能体现安格尔追求古典理想美的女人体作品**《泉》**(图5.4)**《土耳其浴室》**和**《大宫女》**(图5.5) 等。

图5.4
安格尔 《泉》
油画 163cm×80cm 1856年

图5.5
安格尔 《大宫女》
油画 91cm×162cm 1814年

·简答辑要·

1.试简述18世纪法国市民写实艺术家夏尔丹和格勒兹的艺术特色及其代表作品。

答题要点:

18世纪的法国在盛行罗可可艺术的同时,还有一些艺术家在进行**现实主义艺术**的探索,他们多以普通市民的生活为主要题材,**夏尔丹**和**格勒兹**就是其中的代表。

(1)夏尔丹擅长画静物画,且表现的都是一些日常生活中非常熟悉的物品,但却能够将这些司空见惯的物品赋予深层的含义和艺术的美,其作品朴实、厚重,耐人寻味。其人物画作品,擅长将人物置于亲切平静的家庭生活场景中进行朴素真实的描绘,表现一种真挚、平凡的自然主义情感。代表作有**《铜水壶》《带高脚杯的静物》《集市归来》《祈祷》**等。

(2)格勒兹的绘画也是对普通市民生活的描绘,艺术风格自然、写实,但其突出特色是重视题材的选择,受启蒙主义思想影响,作品往往带有**道德论**的倾向。代表作有**《乡村的订婚》《父亲的诅咒》《打破的水罐》**等。

图5.6
安格尔　《土耳其浴室》
油画　110cm×110cm　1862年

2.试比较17世纪新古典主义与古典主义艺术的异同。

答题要点：

新古典主义仍保留有古典主义美术的基本特点，但又有所不同，它是古典主义美术的飞跃。

(1)相同点：

①强调理性原则；

②推崇古希腊、罗马美术以及文艺复兴盛期的作品，并以古代的理想美为典范；

③在艺术形式方面，强调素描的严谨性、构图的完整性，以及造型的体积感和立体感（图5.6）。

(2)不同点：

①新古典主义主张古典规范与时代相结合，对于思想价值和现实价值的强调是与古典主义的本质区别，正是这种现实性、时代性使之成为新古典主义。

②在题材方面，新古典主义强调表现现实题材和历史题材，或直接表现斗争宣传英雄主义，或借古喻今宣扬共和理想；而古典主义则多表现历史故事、神话故事、宗教故事等题材。

③在形式表现方面，新古典主义虽然仍遵循古典主义的规范化要求，但更加追求形式上的单纯化和完整性。

★3.试概述法国新古典主义艺术家大卫在不同时期的风格特征及代表作品。

答题要点:

大卫是法国新古典主义美术的开创者和杰出代表。

(1)1780年前后,大卫将历史题材、古典美的规范与现实政治理想相结合,借古喻今,连续创作展出了三幅古代英雄的力作——**《苏格拉底之死》《荷拉斯兄弟的宣誓》**(图5.7)和**《布鲁特斯》**,以新内容和新气质使古典主义美术获得了“新”的飞跃并将之推向成熟。这些作品不啻(chì)于大革命前的呐喊。

(2)1789年法国大革命爆发,大卫不满足于借古喻今,将艺术与革命斗争紧密相连,直接表现现实政治事件,接连创作了**《球厅宣誓》《马拉之死》**等作品。

(3)1794年大革命失败,作为雅各宾党人的大卫两次被捕入狱,险遭杀身之祸。出狱后他变得消沉、妥协并远离政治斗争,**《萨宾妇女》**是这一时期的重要作品。

(4)1799年拿破仑政变建立军事独裁统治后,大卫被封为宫廷首席画家。他倾全力为拿破仑歌功颂德,创作了**《拿破仑在圣贝尔那山上》**和**《拿破仑一世加冕》**(图5.8)等作品。

图5.7
大卫　《荷拉斯兄弟的宣誓》
油画　330cm×427cm
1784年

图5.8
大卫 《拿破仑一世加冕》(局部)
油画 621cm×979cm
1805—1807

·论述专项·

试述18世纪意大利美术的发展状况。

答题要点：

一般认为意大利绘画进入18世纪时，艺术急剧衰落，但实际上由于它本身就是有特殊传统的地区，罗马和威尼斯仍然存留辉煌。这就是"**地方性画派**"和"**18世纪威尼斯画派**"。

地方性画派代表人物有克里斯皮、芒雅斯科和里契等。

18世纪威尼斯画派画家有的采用巴洛克绘画方法，有的学习地方性流派。如乔·皮亚采达、提埃波罗、朗吉等。

18世纪威尼斯画派还有另一方面贡献，就是"景观画"。这种绘画在17世纪已经出现，18世纪达到高峰，它不同于一般风景画，也不是风俗画。其特征为：①以真实景物为对象；②手法细腻无比，如同照片一般，但缺乏个性；③尤其善于表现城市、集镇或地方风光，以供参观罗马圣地的游客购买。代表人物有**安东尼·卡纳列托**等。

18世纪末至19世纪初，意大利出现了一位欧洲最早的新古典主义**雕刻**代表人物**安东尼·卡诺瓦**，他对新古典主义理论家温克尔曼的艺术观感悟颇深，自己也有新的探索。他的艺术典雅、庄重、简洁，多表现古代神话题材。代表作有《**丘比特之吻**》等。

六　　19世纪欧洲美术

·名词解释·

★1.浪漫主义美术

浪漫主义美术产生于18世纪末,盛行于19世纪前期,在法国、英国、德国等地均有成就,它是在**与学院派古典主义的斗争中发展起来**的。浪漫主义美术突破了古典主义美术的束缚,主张创作自由和艺术独创性,重视表现美术家的个性、情感和想象,爱用象征、寓意和夸张对比的手法,并追求色彩、色调的表现力和流畅奔放的笔触。题材上多选取悲剧题材、文学题材、异国情调题材等。法国浪漫主义美术还注重与时代精神、社会斗争相结合,成为积极的浪漫主义美术。浪漫主义美术对西方艺术的发展具有重要的积极意义。法国浪漫主义美术的主要代表是**籍里科**和**德拉克罗瓦**。前者的代表作**《梅杜萨之筏》**被视为浪漫主义的伟大宣言。达到浪漫主义绘画顶峰的是**德拉克罗瓦**,代表作有**《希阿岛的屠杀》**和**《自由引导人民》**。雕刻方面的代表是**吕德**和**卡尔波**,巴黎凯旋门高浮雕**《马赛曲》**与巴黎歌剧院高浮雕**《舞蹈》**分别是两人的代表作。

★2.德拉克罗瓦

德拉克罗瓦是法国19世纪浪漫主义的核心人物。其艺术特点及成就有:真实与浪漫地用绘画抒发自己的艺术情怀,作品具有文学叙事性,常取材于文学名著、中世纪传说以及震惊性事件等,如**《但丁小舟》**就是从文学名著取材的,**《希阿岛的屠杀》**是以当时震惊性事件为主题;他是油画史上杰出的**色彩**大师,**发现补色原理**,强调色彩表现力,对现代绘画色彩学有极大的贡献,直接影响了印象派。在一些作品

图6.1
德拉克罗瓦 《自由引导人民》
油画 260cm×325cm 1830年

中，他强调色彩的对比，善于运用冷暖色表现物体，增加了色彩的丰富性。善于运用象征性与幻想性手法；在主题处理上具有超现实的理想化真实，这种真实属于一种心理上的真实。德拉克罗瓦以极大精力从事创作，同古典主义学院派展开争论，坚守浪漫主义阵营，有大量作品传世，被称为"**浪漫主义的狮子**"，为后世艺术做出了极其重要的贡献。其代表作有《希阿岛的屠杀》《与天使搏斗的雅各布》《自由引导人民》（图6.1）等。

★3.戈雅

戈雅是18世纪**西班牙**画家，浪漫主义美术的伟大先驱，他与大卫同时代，其作品具有鲜明的现实主义风格又充满浪漫主义的战斗激情，包含讽刺、幻想、夸张等因素，对19世纪浪漫主义和现实主义美术产生了重要影响（图6.2）。代表作有铜版组画《奇想曲》《战争的灾难》，油画《**裸体的玛哈**》《**着衣的玛哈**》《**查理四世的一家**》《**1808年5月3日夜枪杀起义者**》等。

图6.2
戈雅　《巨人》
116cm×105cm　约1808—1812

★4.浮雕《马赛曲》

　　《马赛曲》（图6.3）是19世纪法国浪漫主义雕刻家吕德为巴黎凯旋门制作的浮雕，是吕德的代表作，描述的是法国人于1792年高唱"马赛曲"开赴前线抵抗奥普联军侵略的真实历史。他抛开古典创作原则，把雕刻的纪念性与装饰性、构图的完整性和浪漫主义激情有机地结合起来，充分发挥了"以少胜多"的艺术手法，仅用几个人的巧妙组合就构成了一个万马齐鸣、斗志昂扬的场面。作品上方是法兰西保护女神，具有象征意味。此作品获1855年万国博览会雕刻金奖。

★5.19世纪法国现实主义

　　19世纪30—70年代，法国产生了强大的现实主义艺术思潮并波及欧洲各国。现实主义艺术家既反对古典主义的因袭保守和理想化，也反对浪漫主义的虚构和脱离生活，而是以忠实地描绘生活的本来面貌为创作的最高原则，提出了直接描绘当代生活和自然风貌的主张，以及"艺术为民众"的进步思想。现实主义美术具有真实性、思想性、批判性和民主性等特征，又被称为"批判现实主义"，杰出代表有**库尔贝、米勒和杜米埃**。

图6.3
吕德　《马赛曲》
雕塑　1836年

图6.4
库尔贝　《石工》
油画　159cm×259cm
1849—1850　（原作已毁）

★6.库尔贝

库尔贝是19世纪法国现实主义旗手，在绘画史上具有极为重要的地位。其艺术特点与贡献有：让艺术**担负起社会责任**，从不屈尊于权贵，具有自由艺术家品质，提示了艺术家可以不受任何权贵制约，走向艺术自由的道路；以按照自己亲眼所见去描绘生活现实为原则。他认为要画自己亲眼所见到的，第一次以巨大尺幅表现农民葬礼和普通的碎石工；在对真实表现的具体性要求上，他引发了现代艺术从视觉真实走向**心理真实**的趋向，扩大了艺术真实的内涵；特别发挥了油画刮刀的用途，造成比一般油画笔更有视觉冲击力的视觉效果，使画面具有可触性、造型结实、厚重，用笔粗犷。这是他对油画技法方面的贡献。他常以巨大篇幅对观者造成一种力量感、压迫感，减弱观者与画面的距离感。库尔贝的主要代表作品有《奥尔南的葬礼》《石工》（图6.4）和《画室》等。他的艺术对后世写实主义绘画有深远影响。

★7.米勒

米勒是19世纪法国典型的**农民画家**。其艺术特征有：使农民劳动及生活题材在艺术中获得深刻意义，表现出劳动人民"真正的人性"和"伟大的诗篇"；所塑造的农民形象，崇高庄严，富有纪念碑意义，充满庄重和人道主义精神；形式上追求浑然一体的表现效果和画面整体的和谐统一；艺术语言平静，造型概括，具有雕塑般力度，情调含蓄，色调浑厚、苍茫沉寂，给人以质朴凝重、真挚动人的印象。《晚钟》《牧羊女》《拾穗者》（图6.5）等作品人物形象**淳朴、厚重**，对后世有极大的启发意义。

图6.5
米勒　《拾穗者》
油画　111cm×83.5cm　1857年

图6.6
罗丹　《巴尔扎克》
青铜　270cm×120cm×128cm
1898年

★8.罗丹

19世纪法国雕塑大师罗丹是一位富于浪漫主义精神的现实主义者，他用多样的手法和新颖的构思创作了许多杰作，极大地丰富了雕塑的表现领域。他是西方雕塑古典传统的终结者，同时又对西方现代雕塑产生了重大影响。代表作有**《地狱之门》《思想者》《加莱义民》《巴尔扎克》**（图6.6）等。他的艺术在思想性、技术性之间找到了平衡点，使他成为19世纪雕塑领域最为突出的代表。

★9.《思想者》

19世纪法国现实主义雕塑家罗丹的作品。他以自己的作品阐明自己的观点，同占据主导地位的法国古典主义分庭抗礼。作品以但丁的形象为蓝本，塑造了一尊粗壮结实的裸体劳动者形象。人物形象深沉肃穆，大块起伏的肌肉造成丰富的明暗效果，富于悲剧性和生命力，成为雕塑家复杂思想的化身，具有强烈的艺术感染力。作为一种改造世界力量的象征，《思想者》真诚地把人类生活中最深刻的爱与美展示出来，在以后的社会生活中一直发挥着强大的社会作用。

★10.巴比松画派

巴比松画派是**法国现实主义**的重要画派。19世纪30—70年代，以**卢梭**为首的一批画家聚集在巴黎近郊枫丹白露森林的**巴比松村**，专门从事风景画创作，被称为

"巴比松画派"。他们以17世纪荷兰风景画和英国风景画为榜样，注重户外写生，力求真实地描绘自然景物，在技法上加强了绘画表现自然光线和空气的效果。柯罗和米勒都曾在巴比松村从事创作，与这个画派关系密切，因此有的美术史家也把他俩列入巴比松画派之内。但不少学者不把他俩看成画派的正式成员，因为柯罗画风与众不同，而米勒主要是人物画家。

★11.拉斐尔前派

19世纪40年代，英国皇家美术学院的一批学生为了反对当时美术学院的陈腐画风，提出要以拉斐尔以前的早期文艺复兴艺术为榜样，真实地表现自己的思想感情，忠实于自然，发挥艺术的社会道德作用，为此他们组织了**拉斐尔前派兄弟会**。拉斐尔前派具有象征主义和唯美主义内涵，代表画家有**罗塞蒂、米莱斯和亨特**。拉斐尔前派是以**叙述性主题**为主的**消极浪漫主义画派**，其艺术思想具有明显的回到中世纪文化传统的倾向。该派常取材于文学著作、历史或经过筛选的圣经主题，以后逐渐也包括描绘当代生活、社会问题的主题；主张绘画的单纯、写实性，画中每一物体都依靠写生完成；刻意追求画面光亮、色彩发光灿烂的效果，具有强烈的戏剧性。代表人物及作品有威廉·霍尔曼·亨特的**《醒悟的道德》**、米莱斯的**《玛利安娜》**、罗塞蒂的**《受胎告知》**等。

★12.巡回展览画派

巡回展览画派是19世纪下半叶至20世纪初俄国的进步艺术团体，正式名称为**"巡回艺术展览协会"**，简称"巡回画派"。从1870年到1923年，巡回画派遵循别林斯基、车尔尼雪夫斯基等人的美学主张，在俄国各地举办了近50次巡回展览。画家们站在民主主义的立场上，反映人民生活、历史事件和俄罗斯美丽的大自然，强调艺术的思想性、社会性和主题性，具有相当的广度和深度。代表画家有**列宾、苏里柯夫**等。列宾代表了巡回画派艺术上的最高成就，代表作有**《伏尔加河上的纤夫》《伊凡雷帝杀子》**。巡回展览画派历时时间长，他们的艺术在反映社会现实和扫除农奴制残余的社会革命运动中发挥了进步作用，在风俗画、历史画、肖像画、风景画等领域均有重要成果，代表了俄罗斯民族画派的成就。

图6.7
莫奈 《日出·印象》
油画 48cm×63cm 1872年

★13.印象主义

印象主义是19世纪下半叶在法国兴起后遍及欧美各地的**美术流派**,同时也是一种**美术思潮和美术风格**。因其处在现实主义向现代主义过渡的历史阶段,对19世纪末西方美术的发展具有重要影响。其特点是**追求瞬间的视觉印象**,以自然景象和当代日常生活的片段入画,注重**偶然和率真**的效果;主张根据画家自己眼睛的观察和直接感受来表现明亮、微妙的色彩变化,其中特别注重对外光的表现,提倡户外写生;一反过去宗教神话等主题内容和陈旧的灰褐色调,使绘画语言自身的表现力得到充分发挥,色彩显得更加光辉灿烂,欧洲的绘画因此在色彩上出现了一次重大革新。莫奈是最典型的印象派画家,印象主义因莫奈的作品《日出·印象》(图6.7)而得名,因此莫奈有"印象派之父"的称号。印象主义的代表画家及作品有马奈的《草地上的午餐》《奥林匹亚》,莫奈的《日出·印象》《睡莲》,雷诺阿的《包厢》《阳光下的裸体》,德加的《舞蹈课》等。此外,从印象主义开始,画家们试图使绘画摆脱文学的影响,更多地注意绘画语言本身。在这个意义上,印象主义绘画又是现代艺术的开端。

★14.新印象主义

新印象主义是继印象主义之后，在19世纪80年代的法国出现的**美术流派和美术思潮**。新印象主义认为印象派作画过于感性和直觉，主张以光学科学的原理和理性分析来指导艺术实践，"制造有秩序的合理的美"，并给转瞬即逝的光和色以永恒的形式。该派作画多采用**色彩分割理论**和**点彩的笔触形式**，因此新印象主义又称**"点彩派""分色主义"或"分割主义"**。代表画家有修拉、西涅克，代表作品有修拉的《大碗岛上的星期日下午》。

★15.后印象主义

后印象主义广义上是指继承印象主义并加以变革的各个不同流派，狭义上是指塞尚、高更、凡·高等人的创作方法。他们接受印象主义的用色方法又加以革新，不满足于印象主义对自然的客观描绘，强调抒发自我感受、表现主观感情和情绪，或主观精神。较之印象主义，他们重视形和构成形的线条、色块和体、面，但具有明显的个性化处理。他们强调艺术形象**有别于生活物象**，力图表现不因时间而改变其特质的"永恒"，对自然做一种精神解释，代表人物有塞尚、凡·高（图6.8）、高更。其中，塞尚因其探索对现代主义美术的重要启示，被称为**"现代绘画之父"**。在以他们为代表的后印象主义的艺术中，可以看到对形体结构问题的回归，对表面设计、色彩内涵及装饰性的重视，对表现性变形的自觉运用等。

图 6.8
凡·高 《向日葵》
油画 91cm×71cm 1888年

图6.9
塞尚　《圣维克多亚山》
油画　73cm×91cm
1904—1906

★16.塞尚

塞尚是法国画家，后印象主义绘画的代表人物，因其探索对现代主义美术的重要启示，被称为"现代绘画之父"。他在吸收印象主义外光与色彩的成就基础上（图6.9），更专注于物质的具体性、稳定性和内在结构的表现。塞尚认为"自然中的每件东西都与球体、圆锥体、圆柱体极为相似"，因此他采用**色的团块**表现法来描绘物象的**体积**和**深度**，用色彩的**冷暖**关系来**造型**。塞尚的艺术探索对**立体主义**和**抽象主义**影响深远。代表作有《静物》《玩纸牌的人》。

17.象征主义

象征主义是19世纪80—90年代发源于法国、流行于欧洲的一种**文艺思潮**，包括文学、音乐、美术、建筑等各个领域。象征主义在艺术上受英国拉斐尔前派和象征派诗人马拉美、波特莱尔，音乐家瓦格纳及尼采**主观唯心主义**思想的影响。它强调主观感觉，反对理性，忽视客观。这派画家在创作中采用象征、寓意的手法，表现梦境、黑夜、病态，甚至歌颂死亡，追求虚幻荒诞的境界，强调的是一种超现实的主观主义倾向，具有神秘色彩。

★18.象征主义美术

象征主义是19世纪末期产生于法国的艺术思潮和艺术运动,美术界的象征主义思潮活跃于**19世纪80—90年代**,在法国、英国、德国和北欧一些国家有重要成就,并对20世纪西方现代主义美术的产生和发展具有重要作用。象征主义美术强调主观化倾向,但其"艺术的根本目的是使主观事物客观化(理念的外化)",强调的是**一种超现实的主观主义倾向**,并用写实的象征的手法表达这种个性化的理念,一般具有主观的、想象的、神秘主义的面貌和综合性、装饰性的手法。象征主义在法国的代表人物是**夏凡纳、莫罗**等。

19.新艺术运动

新艺术运动是19世纪末20世纪初发源于法国继而在整个欧美产生相当大影响的艺术运动。新艺术运动在各国呈现出不同特点和风格,名称也不相同。"新艺术"是一个法文词,法国、荷兰、比利时、西班牙、意大利等以此命名;德国则称之为"青年风格",奥地利叫"分离派",斯堪的纳维亚各国称为"工艺美术运动"。新艺术运动力图打破承袭传统形式的所谓历史风格,探索新的艺术方向。最具代表性的风格是用流畅、曲折的线条和交织的动、植物纹样表现大自然生命力的曲线形风格。代表艺术家有**凡·德·维尔德、高迪、吉马德**等。

·简答辑要·

★1.简要概述19世纪法国新古典主义和浪漫主义绘画的两位主要代表人物大卫和德拉克罗瓦,并比较两者在艺术主题与风格上的差异。

答题要点:

(1)19世纪法国**新古典主义**的代表人物是**大卫**,**浪漫主义**的代表人物是**德拉克罗瓦**。

(2)大卫与德拉克罗瓦在艺术主题上的差异为:

①大卫作品中的主要表现题材为历史题材和现实题材。

②德拉克罗瓦的主要表现题材为现实题材、悲剧性题材(图6.10)与异国情调题材。

图6.10
德拉克罗瓦　《希阿岛的屠杀》
油画　419cm×354cm　1829年

(3)大卫与德拉克罗瓦在艺术风格上的差异为：

①大卫推崇古代法则，强调以线和轮廓为主的素描造型，其作品多具有雕塑般的严谨造型以及完整、明晰的构图。

②德拉克罗瓦则主张具体描绘表现对象的个性特征，追求色彩、色调的表现力，主张构图的生动效果、流畅奔放的笔触和有生命力的活动感。

★2.试通过分析戈雅的代表性作品，阐释他成为浪漫主义美术先驱的原因。

答题要点：

戈雅是西班牙伟大的**现实主义**艺术家，但他的作品又具有鲜明的浪漫主义特征，成为浪漫主义美术的先驱。

(1)在作品《**理性入睡产生梦魇**(yǎn)》中，伏案入睡的学者周围围绕着成群尖叫的猫头鹰和蝙蝠，还有地上一只睁着惊恐眼睛的猫。艺术家似乎想用荒诞的场景表现人类的理性对梦魇的无能为力，体现出其对想象和激情的渴求，而想象力和激情正是浪漫主义美术所追求的。

图6.11
戈雅　《1808年5月3日夜枪杀起义者》
油画　268cm×347cm　1814年

(2)肖像画《着衣的玛哈》和《裸体的玛哈》中响亮的色彩、不羁的笔触，以及模特随意放松的姿态和挑逗性的表情，完全是对古典主义艺术的挑战。

(3)戈雅最有影响力的作品《1808年5月3日夜枪杀起义者》(图6.11)中，艺术家将这一事件进行了史诗般的描绘，将平凡的民众进行极富英雄色彩的刻画。艺术家在创作过程中没有严格遵循古典主义细腻写实的手法，而是以灵活自信的笔触，自由地运用了夸张和变形的手法，在表达语言上获得了极大的突破。而强调突破古典规范，进行自由创造以及色彩和笔触的解放正是浪漫主义所推崇的。

3.简述浪漫主义美术的风格特征，并比较法国浪漫主义美术与英国浪漫主义美术的不同。

答题要点：

浪漫主义美术产生于18世纪末，盛行于19世纪前期，是在与学院派古典主义的斗争中发展起来的。

(1)浪漫主义美术的主要风格特征有：

①突破了古典主义美术的束缚，主张**创作自由**和**艺术独创性**。

②重视艺术家**个性**、**情感**和**想象**的表现。

③追求色彩、色调的**表现力**和**流畅奔放**的笔触。

④题材上多选取悲剧题材、稀有题材、文学题材、异国情调题材等。

(2)浪漫主义美术主要分为**积极的浪漫主义**和**消极的浪漫主义**。在法国、英国等地均有成就，但也有这两种倾向上的区别：

①法国的浪漫主义美术将浪漫追求与时代精神、社会斗争相结合，题材上多选取社会事件、悲剧题材或富有激昂情绪的题材，具有积极的社会意义和艺术革新意义。

②英国的浪漫主义则与现实生活缺少直接联系，以抒发个人浪漫情怀或者怀旧情绪为主，题材上多选取宗教和文学题材、异国情调题材甚至是梦魇题材等，是一种消极的浪漫主义。

★4.简述法国现实主义美术的基本特征。

答题要点：

(1)法国现实主义美术是在同官方艺术和弱化了的浪漫主义的斗争中发展起来的。既反对古典主义因袭保守和理想化，也反对浪漫主义的虚构臆造和脱离生活，一些优秀作品含有较强的批判性。

(2)它确立了以描绘生活真实为创作的最高原则，直接描绘当代生活和自然风貌（图6.12）。

图6.12
罗丹 《沉思》
大理石雕塑
75cm×55cm×52cm 1886年

图6.13
罗丹　《加莱义民》
青铜组雕　208.5cm×239cm×190.5cm
1884—1886

(3)肯定了劳动人民形象在艺术品中的意义，将普通劳动题材提高到历史上不曾有的高度 (图6.13)。

(4)某种程度上排除了想象手法的运用，使艺术进入与生活贴近的轨道。

(5)重视技法的更新，采取各种手段使画面趋于理想、丰富、完善。如刮刀、木棍、厚堆等多种手法并用。

5.简述米勒的绘画风格和代表作品。

答题要点：

米勒是法国著名的现实主义画家。

(1)风格特征：

①出身于农民家庭，从小便对乡间劳动和农民生活有深刻的感受。因此，他常带着亲切的感情和崇高的敬意去描绘普通的劳动者和那些平凡的田间劳作。

②画面中劳动者的形象质朴淳厚，往往被赋予史诗般的庄严和静穆。

③作品画面宁静饱满，既有浓郁的乡土气息，又有着不平凡的壮丽色彩。

(2)代表作品：《拾穗者》《晚钟》《牧羊女》《扶锄者》等。因为其作品多表现农民的辛劳困苦，被认为是带有煽动性的社会主义者而受到攻击。直到晚年，这位伟大的农民艺术家的成就才被社会承认。

6.试分析比较新印象主义、后印象主义与印象主义的联系与区别。

答题要点：

(1)联系

①印象主义、新印象主义和后印象主义都不满足于传统艺术对自然的客观再现与模仿，谋求艺术的创新与发展。

②新印象主义发展了印象派的光色原理，在作品中表现光色变化。

③后印象主义的艺术家都曾经参加过印象派画展，从事过印象主义风格的探索。

(2)区别

①新印象主义发展了印象派的光色原理，但认为印象主义的作画方式过于感性，主张以光学科学的原理和理性分析来指导艺术实践，"制造有秩序的合理的美"，并给转瞬即逝的光和色以永恒的形式，在一定意义上，是对印象主义的修正和科学化。

②后印象主义是在观念和实践上与印象主义相左的艺术潮流，它不是印象主义的继续，而是代表了印象主义之后的一种新的倾向，即主观化倾向，强调抒发自我感受，表现主观感情和精神。

7.试分别概述后印象主义艺术家凡·高和高更的艺术风格特征及代表作品。

答题要点：

(1)凡·高的艺术风格特征及代表作品：凡·高吸收日本浮世绘版画的影响，追求画面形式的**单纯感**和**极端个性化**；用**明亮、大胆、充满想象力的色彩**和富有张力的**笔触**表达一种不可遏制的激情和矛盾，总之，**强调抒发自我感受，表现主观感情和情绪**是凡·高艺术风格的突出特征（图6.14），因而被誉为"表现主义"的先驱。代表作品有《向日葵》《夜间咖啡馆》《星夜》等。

(2)高更的艺术风格及代表作品：高更蔑视传统素描、透视对形体的规范，吸收了东方艺术、日本浮世绘、拜占庭镶嵌画及原始艺术的一些因素，**把色彩和线条当**

图6.14
凡·高　《阿尔的卧室》
油画　57cm×74cm　1889年

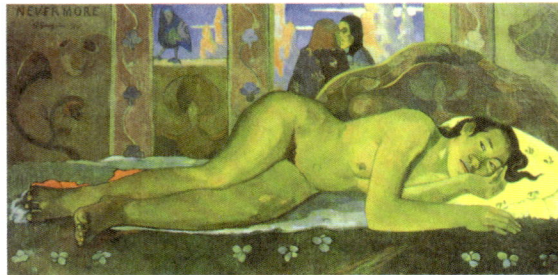

图6.15
高更　《不再》
油画　60cm×116cm
1897年

作抽象表现的形式，从而加强了绘画的精神张力；他的作品摆脱了传统的写实和空间透视，也没有明暗过渡，舍弃细节和特征的描绘，是观念、印象和视觉经验综合压缩后的集中表现；画面简洁单纯、色彩明亮纯净、色调对比强烈，装饰性的构图及大块面的平涂；他的绘画具有强烈的神秘感和普遍的象征意义，体现出平面化的趋势和原始审美意识的回归，充满浪漫主义色彩和浓厚的宗教意识（图6.15）。代表作品有《雅各和天使在搏斗》《我们从哪里来？我们是谁？我们往哪里去？》等。

★8.试简述19世纪法国先后产生的重要美术流派和思潮，并概述其各自的突出特色。

答题要点:

(1)19世纪的法国美术先后产生了新古典主义、浪漫主义、批判现实主义、印象主义、新印象主义、后印象主义、象征主义等重要的美术流派和思潮。

(2)各流派和思潮的突出特色为:

①新古典主义:以古代理想美为典范,崇尚理性原则,重素描、轻色彩,富于时代精神和思想热情。

②浪漫主义:强调艺术家的个性、情感和想象的表现,重视色彩、色调的表现力。

③批判现实主义:注重客观写实,具有真实性、思想性、批判性和民主性等特征。

④印象主义:强调光色效果,追求瞬间印象。

⑤新印象主义:按色彩分割理论,以"色点"的形式呈现于画面上。

⑥后印象主义:重视抒发自我感受,表现主观感情和情绪。

⑦象征主义:用写实的象征的手法表达个性化的理念,具有神秘的面貌。

9.结合具体作品分析马奈对古典传统的反叛。

答题要点:

图6.16
马奈　《草地上的午餐》
油画　81cm×101cm　1863年

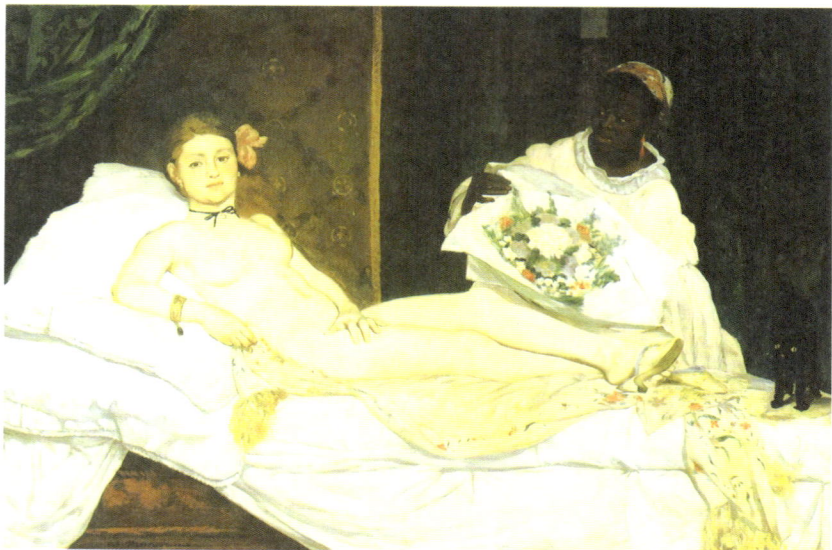

图6.17
马奈 《奥林匹亚》
油画 130.5cm×190cm 1863年

　　从严格意义上讲，马奈并**不是真正意义上的印象派画家**，他从未参加过印象派画展，但却和印象派画家关系密切，被视为印象派的精神领袖。这从很大程度上来自于马奈对于古典传统的反叛。

　　(1)**画面内容的前卫与反叛**。《草地上的午餐》(图6.16)是马奈的代表作，该作品虽然表现了一个平常的聚会，但在模特安排上却一反常规，将两个穿衣的绅士和一位裸体女子安置在同一画面中。《**奥林匹亚**》(图6.17)也是一幅描绘世俗裸体女子的大胆之作。虽然表现裸体女性的形象在古典传统绘画中极为常见，但马奈却打破了传统绘画将女性表现得唯美典雅的常规，用极为世俗化的手法加以表现，这种前卫意识违背了传统的审美观，被认为是有伤风化的。

　　(2)**表现手法的革新**。以《草地上的午餐》为例，裸体女模特由于处在强烈的阳光照射之下，身体完全没有明暗过渡，几乎是一种平面的效果。《奥林匹亚》也是如此，女性形象的处理同样没有立体效果，只有简洁的轮廓线，呈现出一种平面化的趋势，将文艺复兴以来开创的三维立体的写实绘画重新回归二维的平面。

　　(3)**色彩表现的创新**。马奈的作品最早打破传统的棕褐色调，画面明亮，强调光与色的整体表现，有外光的新鲜感。他在20世纪70年代完成的一系列油画，如《**在船中**》《**莫奈在船上作画**》《**床单**》等都放弃黑色，采用印象主义的技法和色彩完成。

·论述专项·

★1.试述印象主义绘画的基本特点和成就，并列举几位艺术家及其作品。

答题要点：

印象主义绘画的特点有：

①追求瞬间的视觉印象，表现当代日常生活和自然景象，取客观场景的片段入画，不求构图的完整性，而**注重偶然和率真的**效果。

②主张根据画家自己眼睛的观察和直接感受来表现明亮、微妙的色彩变化，其中特别注重对外光的表现，提倡户外写生，直接描绘阳光下的物象。一反过去宗教神话等主题内容和陈陈相因的灰褐色调，使绘画语言自身的表现力得到充分发挥。

印象主义绘画对光色的追求大大提高了其作品画面上的色彩明度，使色彩显得更加光辉灿烂，欧洲的绘画因此在色彩上出现了一次重大革新。此外，从印象主义开始，画家们试图使绘画摆脱文学的影响，更多地注意绘画语言本身。在这个意义上，印象主义绘画又是现代艺术的开端。

图6.18
德加 《舞蹈课》
油画 85cm×75cm 1873—1876

　　印象主义的代表画家及作品有马奈的《草地上的午餐》《奥林匹亚》，莫奈

的《日出·印象》《睡莲》，雷诺阿的《包厢》《阳光下的裸体》，德加的《舞蹈课》

（图6.18）等。

2.比较新古典主义与浪漫主义的异同。

答题要点：

　　新古典主义与浪漫主义都是19世纪法国极为重要的艺术流派，也是两个从兴起

时间、选材、表现手法等方面都有很大差异的流派。

　　（1）在时间上，新古典主义兴起于18世纪末，盛行于19世纪初，是伴随法国大

革命兴起的，并为大革命摇旗呐喊。而浪漫主义兴起于19世纪初，盛行于19世纪30

年代，表现了对资产阶级革命后的时局不满，借艺术抒发胸中的积愤。

　　（2）在选材上，新古典主义崇尚古代，以古人的美德为典范，使之为社会服务，

专注个人英雄主义与忠实于道德和职责的行为，如大卫的《荷拉斯兄弟的宣誓》

等。而浪漫主义常取材于中世纪传说、当时的震惊性事件和文学名著，如籍里科的

《梅杜萨之筏》、德拉克罗瓦的《自由领导人民》等。

　　（3）表现手法也是最为重要的区别。新古典主义注重古典式的宁静和考古式

的精确，强调理性，重视素描，造型严谨；相对忽略色彩及其表现情感的作用，仿效

古代艺术刚健有力的轮廓与简洁明快的构图，用以取代罗可可艺术的繁缛性与错觉

性。而浪漫主义反对官方学院派和古典主义美术，重感情和个性，重色彩和色调对

比，轮廓处理灵活、笔触飞动，主张创作自由和艺术独创，强调艺术幻想和激情，善

于运用象征寓意和夸张对比的艺术手法。

　　因此，新古典主义与浪漫主义是两种不同特色的流派，反映了绘画艺术发展的

多样性，在19世纪的法国艺坛各领风骚。

★3.比较印象派、新印象派和后印象派的异同。

答题要点：

　　印象派、新印象派和后印象派都是法国19世纪下半期产生的艺术流派，虽然都

含有"印象派"字样，但他们却是不同的艺术流派，其主要区别在于：

　　（1）印象派以外光为主，主张室外写生，直接描绘阳光下的物象。光色成为绘

画的主角，强调直接感受、瞬间印象和总体气氛，为此不惜牺牲形体、质感。将光学

图6.19
德加　《巴黎歌剧院的首席乐队》
油画　56.5cm×46.2cm　1870年

图6.20
莫奈　《睡莲》
油画　89cm×92cm　1904—1905

原理拉入绘画，否定固有色，强调光源色和环境色，限制甚至排除黑色，用色彩的冷暖、对比取代了明暗。在表现光、色方面达到了历史顶峰，是绘画色彩史上的彻底革命，至今仍然是绘画色彩学教学的基本理论（图6.19、图6.20）。

（2）新印象派是从印象派中分离出来的，把印象派的当场写生拉入理智作画的轨道，利用**光学的实验原理指导艺术实践**。运用**色彩分割原理**，采取色点并置方式完成作品，把绘画调色变成了科学配方。这是对印象派的修正与科学化。

（3）相比之下，后印象派不是一个有组织纲领的流派，只是一种思潮，是几位艺术家各自独立研究成果的汇聚，经后人总结而成。他们早期多数以印象派绘画为起点，以后逐渐抛弃印象派绘画方式而另辟蹊（xī）径。他们不满足客观再现和追求外光与色彩，而强调抒发作者的自我感受，表现主观感情，并为此借鉴东方艺术、原始艺术和儿童艺术。对积淀深厚的传统艺术观的抛弃，不表现视觉物象的准确、有序，而是从某种现实符号中走向心中的真实。重视形和构成形的线条、色块和体积，认为绘画不是科学，是艺术。用主观感情去改造客观物象，要表现主观化了的客观。为此，不惜夸张、变形，不求准确的透视，而要表现不因时间而改变其特质的"永恒"（图6.21）。

图6.21
凡·高 《鸢(yuān)尾花》
油画 71cm×93cm 1889年

综上所述，三者是不同性质的流派，具有不同的价值，对后世的影响也不相同。印象派被视为传统艺术的终点，新印象派被认为是艺术科学化的顶点，后印象派直接导致现代派艺术的兴起。

4.试论述后印象主义美术的基本特征以及代表画家的艺术特色。

答题要点：

(1)后印象主义美术是20世纪西方现代主义美术的先导，其基本特征为：

①不满于客观主义的再现和片面地追求外光与色彩。

②强调抒发自我感受，表现主观感情、情绪或主观精神。

③重视形和构成形的线条、色块和体、面，但具有明显的个性化处理。

④创作特色表现为强烈的主观化和个性化。

(2)后印象主义以塞尚、凡·高、高更为代表，各人艺术风格并不相同，具体表现为：

①塞尚：在吸收印象主义外光与色彩的成就基础上，更专注于物质的具体性、稳定性和内在结构的理性分析与表现。认为"自然中的每件东西都与球体、圆锥体、圆柱体极为相似"，因此，他的作品在表现手法上具有用几何形体对物象进行概括、采用色的团块来描绘物象的体积和深度、用色彩的冷暖关系来塑造物体、放弃同一

视点等特点。

②凡·高：用狂放的笔触、强烈的色彩以及充满张力的笔触表达狂热的情感。

③高更：厌恶现代文明，追求艺术表现的原始性，采用鲜艳色彩平涂和勾轮廓线的手法，创造了一种具有象征意义、综合概括的装饰性画风。

★5.结合作品论述后印象主义画家塞尚为何被称为"现代绘画之父"。

答题要点：

塞尚是后印象主义美术的典型代表。

(1)塞尚的艺术观念：他反对印象主义美术对自然界表面光色的表现，提倡按照艺术家的**思想和精神重新认识外界事物**，并在作品中按照这种认识组织画面、表现事物。他提出"世界上的一切物体都可以概括为球体、圆柱体和圆锥体"，从而在画面上做到极大的概括。他反对传统绘画观念中把素描和色彩割裂开来的做法，追求通过色彩表现物体的透视。体现在作品中，就是通过物体内在结构的表现形式，充分揭示体积和空间的关系。此外，塞尚还对运用色彩、造型都有新的理解和创造。

(2)塞尚的艺术观念在作品中的表现：静物画是塞尚经常表现的题材。他的静物画作品已经不同于严格意义上的传统绘画，更倾向于现代艺术特色——注重画面形和色的平面布局，忽略空间、体积和透视关系的准确与科学，精心思考和组织画面的色调，力求达到一种类似图案的和谐与均衡。**《红沙发上的塞尚夫人》**体现了塞尚对色彩的独特理解。在这幅作品中，画家把红色沙发和模特身上的蓝绿色调构成鲜明对比，色彩明亮而协调，色彩冷暖成为造型的重要因素。**《玩纸牌者》**也是塞尚的重要代表作之一，作品的色彩效果既充满对比、平衡、呼应，又通过变化丰富的色调塑造了形象的体积感和厚重感。色块的组合和色调的变化共同参与表现人物形象的联系，背景的过渡与整体的统一，同时赋予画面一种特定的**精神性**。

(3)由于塞尚的观点彻底变革了以往艺术家对世界的认识方法，同时他通过作品对这些观点和认识进行了诠释和探索，而这种认识和表现方式背离了传统美术的法则，开启了通向现代艺术的大门，因此塞尚被称为**"现代绘画之父"**。

6.简述19世纪法国画坛的三次革命。

答题要点:

19世纪法国画坛的三次革命分别是由**浪漫主义、现实主义、印象主义**引发的。

(1) 以德拉克罗瓦为代表的浪漫主义美术针对新古典主义学院派的僵化保守,提出了与之截然不同的**审美原则**,即:

①反对新古典主义艺术纯理性的冷静描写,主张充分表达自己的**情感**;

②反对新古典主义艺术表现的类型化,强调创作个性,主张具体描绘表现对象的**个性**特征;

③反对新古典主义推崇古代法则、崇尚传统,强调自由描绘,主张**创造**;

④反对新古典主义以线和轮廓为主的素描造型,主张**用光和色彩**来创造饱满的艺术形象;

⑤反对新古典主义雕塑般的严格的造型要求,强调画面构图的**生动**效果,主张奔放的笔触和有生命力的活动感。

(2)以库尔贝为代表的现实主义美术主要**涉及题材方面的革命**。针对艺术中的因袭保守和虚构臆造,现实主义艺术家主张以写实的手法来表现当时真实的社会生活。他们赞美自然,歌颂劳动,深刻而全面地展现了现实生活的广阔画面,尤其描绘了普通劳动者的生活和斗争,使劳动者真正走进艺术殿堂,成为绘画中的主体形象。大自然也作为独立的题材受到现实主义画家的青睐 (lài)。

(3)以莫奈为代表的印象主义美术在**色彩处理方面发动了革命**。印象主义画家主张根据画家自己眼睛的观察和直接感受来表现明亮、微妙的色彩变化,其中特别注重对外光的表现,提倡户外写生,直接描绘阳光下的物象。一反过去宗教神话等主题内容和陈陈相因的灰褐色调,使绘画语言自身的表现力得到充分发挥。

七   20世纪现代美术

· 名词解释 ·

★1.野兽派绘画

在1905年巴黎的秋季沙龙上，以**马蒂斯**为首的一群年轻艺术家展出了自己的油画作品，因这类作品表现的物体形体与色彩被变形、被夸张，并显示出一种与传统美术相歧的表现力，被人们称为"野兽主义"。野兽主义的画家抛弃西方传统艺术中体积、明暗等造型手法，用纯色和自由的轮廓线造型，保持画面的平面感和装饰性，创造强烈的画面效果，充分显示出追求情感表达的表现主义倾向。野兽主义是一个很松散的团体，其风格属于泛表现主义的范畴，代表人物有马蒂斯、德兰、弗拉芒克等。马蒂斯的代表作品**《舞蹈》**对其后的表现主义艺术有极大的影响。

★2.马蒂斯

图7.1
马蒂斯   《舞蹈》
油画   260cm×391cm   1910年

　　马蒂斯是法国画家，**野兽主义最重要的代表人物**。他运用平涂的鲜明色块、有力的轮廓线构造形象，画面单纯，充满律动感，富有装饰性。马蒂斯把绘画比作**"安乐椅"**，供人消遣和赏心悦目，追求一种和谐、纯粹而又宁静的艺术境界。除作油画、壁画外，他还是一位出色的雕塑家、书籍插图家。晚年因患眼疾，创作了不少剪纸，有的剪纸尺幅很大，用来装饰墙面犹如壁画。代表作有《**舞蹈**》（图7.1）、《**音乐**》。

★3.立体主义

　　立体主义是1908年以**毕加索**为代表的一群青年画家在**法国**推出的美术流派。立体主义否定传统绘画中的定点透视，试探以动点透视多方向去观察和表现物体，将一个对象分解成多个视角的几何切面，然后再加以主观的并置、重叠、组合，从而彻底摒弃了物体的自然形象。该派的意义在于**空间处理新观念的建立**，彻底解放了艺术家的创造心态，对20世纪以结构为基础的艺术类型有极大的启发作用，是20世纪艺术中抽象和非具象绘画流派的直接源泉。代表人物有**毕加索**、**勃拉克**等人。毕加索的代表作品《亚威农少女》（图7.2）是立体主义的开山之作。

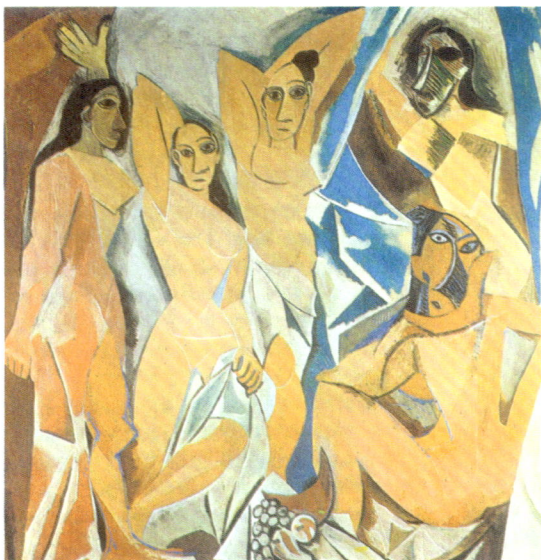

图7.2
毕加索　《亚威农少女》
油画　243.8cm×233.7cm
1907年

图7.3
毕加索 《格尔尼卡》
油画 305.5cm×782.3cm 1937年

★4.毕加索

毕加索是西班牙画家,长期在法国活动。1908年与勃拉克创立了"立体主义"的画风,后来又出现过"新古典主义阶段",并一度深受"超现实主义"思潮影响。他是画家、雕塑家、陶艺师、书籍装帧和插图艺术家,曾多次以艺术作品声援世界人民正义的斗争,代表作有《**亚威农少女**》《**和平鸽**》《**格尔尼卡**》(图7.3)等。他那极端变形和夸张的艺术语言,毫不疲倦的探索精神,对西方及世界20世纪艺术有极大的推动作用。

5.未来主义

未来主义是**1909年在意大利**出现的一个广泛的**文艺运动**,包括文学、音乐、美术、戏剧等各个领域。他们讴歌现代工业所展现的速度与力量之美,最常见的题材是**机器**,包括汽车、市内有轨电车和火车。在形式技巧上,未来主义画家以立体主义分解物体的方法表现运动的场面和感觉,热衷于描绘一系列重叠、连续的形体。意大利**博乔尼**是未来主义绘画的代表性画家之一。

★6.形而上画派

在未来主义运动的活跃时期,意大利画坛出现了**形而上画派**,**契里柯**是创始人和主要代表画家。这一画派反对未来主义对形象的肢解及一味追求动感，主张表现静止不动的、被哲学的幻想所强化的形象，并且通过与"非现实"背景的结合，传达出一种神秘感。形而上画派是一个很小的运动，但作为现代艺术与哲学观念联系最为密切的一个画派，其影响却非常深远。

★7.德国表现主义

表现主义涉及文艺各个领域，作为艺术思潮在欧洲各国均有所反映，主要活动基地在德国，有"桥社"与"青骑士"两个组织。表现主义画家**反对机械模仿客观现实**，主张表现**自我感受**和**主观意象**，表现**"精神的美"**和**"传达内在的信息"**，常以**夸张**的形体和色彩发泄作者内心的激烈情感。德国表现主义既延续了北欧传统，又激发了20世纪的各种类型的表现主义因素。可以说，20世纪所有的与表现主义有关的画派画法都是德国表现主义影响的结果，或者说与它有无法割断的内在联系，其影响力超过了所有的流派。

★8.蒙克

蒙克是**德国表现主义美术**的先驱，他**出生于挪威**，长期侨居德国。其油画与版画作品描写了他的亲身遭遇和内心感受，呈现出不安、颓废、悲观、恐惧等的世纪

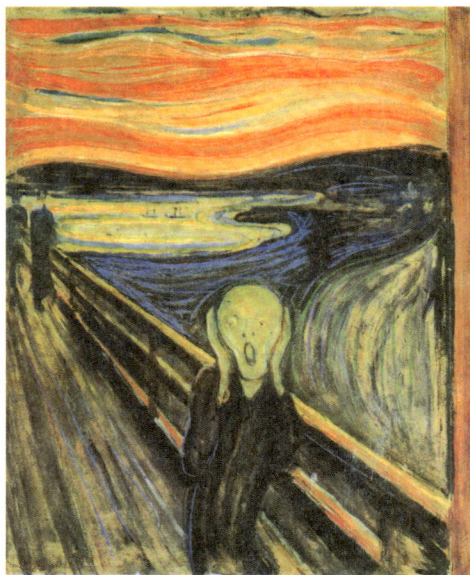

图7.4
蒙克 《呐喊》
纸上蜡笔水彩 91cm×73.5cm
1893年

末情绪。《呐喊》(图7.4) 是蒙克最重要的作品,它被视为对现代人类充满焦虑的现实的永恒象征,表达了当代社会中人的一种极端孤独和痛苦的情感。

★9.康定斯基

俄国艺术家,于1896年移居德国,早期的艺术活动对德国表现主义运动的发展具有重要作用。但其真正的艺术成就体现在**抽象主义**阶段,被认为是抽象主义的典型代表。康定斯基于1909年建立了慕尼黑新美术家协会,1911年与马尔克发起组织"青骑士社",1923—1933年应聘在包豪斯任教,组织"青骑士四人社"。他强调绘画的自律性,强调色彩和形的独立表现价值,主张艺术家用心灵体验和创造,通过非具象的形式传达世界的内在本质,并在抽象形式的法则与美感、绘画中的音乐性以及创作过程中的偶然性等方面进行了探索与研究。康定斯基的抽象主义理论主要集中在**《论艺术的精神》《关于形式问题》《点、线、面》《论具体艺术》**等理论著作中。在实践中,他于1910年创作了第一幅纯粹的抽象作品;1914年回国后,艺术风格倾向于有机形态的抒情抽象,到包豪斯任教后,继续抽象主义的探索,抛弃对真实世界的参照,用精确的几何图形寻求纯粹精神的自由表达 (图7.5)。因此,康定斯基是"热抽象"的典型代表,他在实践和理论两方面开启了西方抽象主义艺术的先河。

图7.5
康定斯基　《适度的飞跃》
油画　42cm×58cm
1944年

★10."桥社"

1905年创立于德国德累斯顿，是德国**表现主义**的一支，其影响波及全欧。"桥社"含义为**传统艺术**和**现代艺术**搭建桥梁。基本特点有：以选取悲剧性题材为主；使用强烈的色彩语言；狂乱、粗野的笔触，病魔般的艺术表现手法；以极度不和谐反对形式完美。"桥社"是松散的年轻画家团体，主要代表人物有**凯尔希纳、黑克尔、诺尔德、蒙克**等，该派对后世的表现主义风格具有深远的影响。

★11."青骑士社"

"青骑士社"是德国表现主义的一支，由康定斯基和马尔克、麦克共同创立。但他们的风格并不相同，共同的信念就是追求艺术中的精神，他们希望通过用抽象的抒情语言给这种内在精神以可见的形和色，把艺术和深刻的精神内容融为一体。"青骑士社"是**抽象艺术**杰出的社团。

12.巴黎画派

第一次世界大战后，一些活跃在巴黎的画家虽然没有参加任何流派，但与现代艺术运动联系密切，对20世纪艺术做出了重要贡献，人们称他们为"巴黎画派"。巴黎画派的画家来自世界各地，各具独特的风格与个性，其作品大多有着浓厚的抒情性，力图表现**无根、思乡、贫困**和**忧愁**等内心感受，代表画家有意大利的莫迪里阿尼、法国的卢梭、俄国的夏加尔等。

13.抽象主义

抽象主义并不是一个具体的绘画群体与派别，它是指那些远离现实生活，不去表现自然物体的表面形象，而是以经过**抽象的色彩、点、线、面**去构成**无具体客观形象**的美术风格的总称。在整个20世纪，抽象主义基本上沿着抒情的抽象与几何的抽象两个方向发展，分别以**康定斯基**和**蒙德里安**为代表。最早从事抽象主义创作的画家是康定斯基，他用点、线、面的构成传达观念与情绪。其理论著作有《论艺术的精神》《关于形式问题》《论具体艺术》《点、线、面》等。

14.至上主义

至上主义是1915—1922年出现于**俄国**画坛的**纯几何抽象主义**。它的创始人**马列维奇**解释"至上主义"就是在绘画中纯粹的感觉和感情至高无上的意思。至上主义摒弃描绘具体客观物象，使用方形、三角形、圆形等几何图案或单纯的黑、白色彩作为"新象征符号"，传达心中超越自然事物的纯粹感觉。

★15.《伏尔加河上的纤夫》

《伏尔加河上的纤夫》(图7.6)是俄国画家列宾的代表作，是19世纪下半叶俄国美术在革命民主主义者的进步思潮的影响下，形成强大的、**批判现实主义**的杰出代表。作品以狭长的横幅展现一群套着绳索在拉平底货船的纤夫的形象，人物性格高度典型化，炎热干燥的气候更加重了这组拉纤人物的悲剧性，反映了深刻的民族性与社会批判性，给人以强烈的感染力。

图7.6
列宾 《伏尔加河上的纤夫》
油画 131.5cm×281cm
1870—1873

图7.7
蒙德里安　《红黄蓝构图》
布面　45.1cm×45.3cm　1929年

16.构成主义

　　与抽象的至上主义绘画相对应的是**俄国构成主义派**。构成主义者自称"艺术工程师"，他们赞美工业文明，将机械结构中的构成方式和材料运用到艺术创作中。其雕塑造型趋向几何化，带有冷峻的特色。构成主义的奠基人**塔特林**是现代雕塑史上第一个进行抽象构成雕塑实验的人，代表作是**《第三国际纪念碑》**模型。

17.风格派

　　风格派是**1917年**在荷兰出现的**几何抽象主义画派**，因以《风格》杂志为中心而得名。风格派拒绝使用任何具象元素，主张用纯粹几何形的抽象来表现纯粹的精神。蒙德里安是该派的创始人和中心人物，其典型风格是以黑色直线分割三原色和黑、白、灰的色块构成方格状画面，他将这种风格称为"新造型主义"，代表作是**《红黄蓝构图》**（图7.7）。风格派和蒙德里安的独特创造对西方现代抽象艺术和建筑设计艺术均有很大影响。

★18.达达主义

　　达达主义是第一次世界大战期间产生于**瑞士**，随后流行于整个欧美的艺术运动。它贬低传统价值，嘲弄一切陈规教条。提倡无理想的生活和无理想的文艺，否定理性，吹捧虚无主义，扬言艺术将摒弃一切传统的审美观与法则，要创造出一种用无意义的"符号"代替形象语言的新艺术。达达主义艺术家在创作中广泛运用现成品和拼贴的手法，作品新奇大胆，极富叛逆性。**杜尚**是达达主义最具影响力的人物。

★19.杜尚

　　杜尚是法国艺术家，达达主义的代表人物。早期迷恋立体主义和未来主义，代表作有《下楼梯的裸女》。后来从事"现成品"创作，选取日常生活用品或废旧物品制成艺术品，代表作品有**《泉》**（图7.8）、**《带胡须的蒙娜丽莎》**等。他认为艺术与艺术品无关，任何现成品都可成为艺术品，将一切文化艺术传统彻底否定。他认为一件艺术品最重要的是人的思考，将艺术从传统范畴中解脱出来，同时也表明了与艺术的决裂。这种反传统、反审美、反艺术的艺术观念影响深远，杜尚被认为是**战后观念艺术的先驱**。

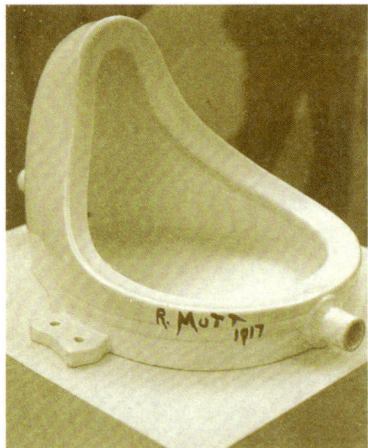

图7.8
杜尚　《泉》
现成品　1917年

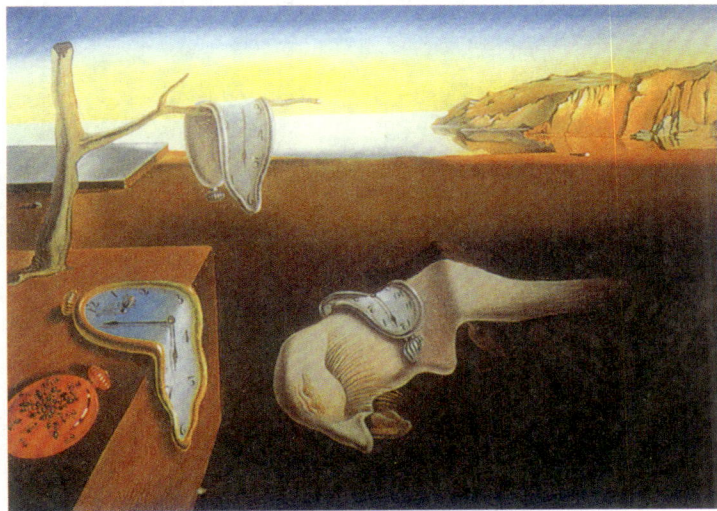

图7.9
达利　《记忆的永恒》
油画　24cm×33cm　1931年

★20.超现实主义

超现实主义是在两次世界大战期间广为传播的文艺运动。以**弗洛伊德的潜意识理论**为指导思想，从儿童、精神病患者、梦境汲取灵感，常将一些毫不相干的事物硬凑在一起，组合成各种奇怪的意象，造成荒诞的心理幻境。代表画家有西班牙的**达利、米罗**，比利时的**马格利特**等。达利的代表作品有**《记忆的永恒》**（图7.9），马格利特的代表作品有**《模特》**等。

21.抽象表现主义

抽象表现主义是第二次世界大战以后产生于美国纽约的艺术思潮，又称"行动绘画"或"纽约画派"。它强调作者行动的自由性和无目的性，把创作行为本身提高到重要位置。抽象表现主义艺术家大多反对以往绘画的完整性与技巧性，**反对"形象"和"形式"**，推崇即兴式的创作与技巧的自由发挥。以**霍夫曼、波洛克**（图7.10）、**德·库宁**等人为代表。抽象表现主义的意义在于，通过抽象表现主义使美国现代艺术跻身于世界现代艺术行列，获得国际地位。

图7.10
波洛克 《第31号，1950》
油画 269.5cm×530.8cm

图7.11
亨利·摩尔
人体雕塑

★22.亨利·摩尔

英国著名雕塑家,他用有机形体创造了抽象化的生命形态,**多以人体为母题。**他在雕塑形体上采用绳索、孔洞来表现新的空间 (图7.11),并探索雕像与周围空间的关系问题,这些都给予现代雕塑艺术重大启示,代表作有**《国王和王后》**。

★23.包豪斯

包豪斯是20世纪初德国创办的建筑及产品设计学校,创始人是现代著名建筑师**格罗皮乌斯**。包豪斯提出了艺术与技术统一的思想,明确肯定了现代化大生产对创造美的意义,创立"三大构成"课程,奠定了现代工业设计教育的基础,使工业设计获得了全新的内涵,并把工业设计运动推向了高潮。它的理论原则被称为"**功能主义**"设计理论,即把实用功能作为设计的出发点,主张形式依随功能,强调几何造型的单纯明快,促进标准化并考虑商业因素。

★24.后现代主义美术

20世纪50年代以来,欧美 (主要在美国) 继现代主义之后出现的前卫美术思潮及流派,统称"后现代主义美术"。"后现代主义"的概念**最早出现在建筑领域,后来逐渐扩展到美术等其他领域**。现代主义的艺术中心在巴黎,后现代主义的艺术中心转移到纽约。概括地说,后现代主义的美术现象有下述特点:从现代主义美术极端的自我性转向相对的客观性,从强调主观感情转向客观世界;作品从现代主义的个体制作转为大量生产,从对工业、机械社会的反感到与工业机械的结合;从为少数人所理解的精英艺术转向主张**艺术的平民化**,广泛运用大众传

图7.12
安迪·沃霍尔 《玛丽莲·梦露》
综合材料 91cm×91cm 1967年

图7.13
汉密尔顿 《是什么使今天的家庭如此的不同，如此有吸引力？》
拼贴 26cm×25cm 1956年

播媒介，打破艺术与生活的界限；后现代主义从传统艺术和现代主义的形态学范畴转向方法论，创作本身这种行动代替了任何其他的意图，打破了艺术与非艺术的界限。

★25.波普艺术

真正的后现代主义始于波普艺术，它是**20世纪60年代**流行于英美的艺术运动，代表了对抽象表现主义一类非具象艺术的反叛，以干净、硬边的精确画法为特征。波普艺术家用他们在**日常生活中所接触的材料和媒介**来制造大众所能理解的形象，以使艺术和工业机械文明相结合，并利用大众传播工具（电视、报纸和其他印刷品）加以普及。它是一种消费文明的艺术，以安迪·沃霍尔为代表，其代表作品是《玛丽莲·梦露》（图7.12）。波普艺术把生活中现有的实物挪动位置，改变环境，赋予新的含义，其手法与达达主义有一脉相承之处，所以人们又把它称为**"新达达"**（图7.13）。

26.照相写实主义（超级写实主义）

20世纪60年代末期在美国兴起，一部分波普艺术家转向客观、逼真的再现现实。他们提倡不用人的眼睛而用照相机镜头来观察和记录对象，常借助照片和幻灯片先将物像放大数倍于画布上，仔细去描绘人物的生理细节和对象质感。照相写实主义雕塑家主要制作与真人等大的人物，往往依据真人翻模复制，或裸体，或再穿上真正的衣裙，力求达到比肉眼更精确地再现现实。代表雕塑家有**汉森**，代表作品是《旅游者》。

★27.光效应艺术（欧普艺术）

20世纪60年代，在波普艺术流行的同时，光效应艺术也兴盛起来。它是运用几何图形和色彩对比在二度空间中制造各种光色效果，刺激观者的视觉，使之产生视幻觉效果的抽象艺术，也称"欧普艺术"。欧普即"Optical"的缩写，意即视觉效应。光效应艺术的产生与未来主义、构成主义以及蒙德里安的作品等有一定的延续性，他们的作品摒弃了主题，排斥情感表达与个性表现，采用抽象的几何图案。最有影响的代表画家是**瓦萨雷利**。

28.观念艺术

观念艺术也称"理念艺术""形而上艺术""思维艺术""状态艺术""实体艺术"等，20世纪60年代在美国出现并影响欧亚各国的艺术流派，认为艺术家的概念、观念在艺术活动中是第一位的，真正的艺术品无需由艺术家创造物质形态，而主要通过各种媒介（文字、图片、录音、录像和艺术家本人的身体、行为）把观念的形成和发展过程传达给大众。观念艺术特别**重视观众的参与**，重视艺术的创作过程以及记录这一过程的一切手段和方法，他们认为，艺术的本质就是观念，观念就是艺术，认为艺术不需要物化为"物品"，德国艺术家**波伊斯**是重要代表人物。

29.大地艺术

大地艺术是20世纪60年代活跃于美国的艺术流派，可以说是介于建筑与自然、工程与艺术之间的一种形式，也是**一种反艺术现象**，它在作品的创造与接受、鉴赏与保存上是全新的概念。大地艺术家一般**以广阔的大地、田野、海滩、山谷、湖泊为艺术材料**，通过大规模的**挖掘、堆垒、染色、包裹、筑构**等方式，**改造自然的某一部分外观**，企图创造一种体量巨大的、不能为博物馆接纳的、永不被人占有的**环境艺术**（图7.14）。史密森的《螺旋防波堤》是其代表性作品。

图7.14
美国　克里斯托　《包裹国会大厦》　1995年

·简答辑要·

1.结合作品简要分析蒙克的艺术特征。

答题要点：

蒙克是象征主义画家的代表，也是表现主义的先驱。其艺术特征主要有：

(1)作品倾向于表现爱和死、生命与死亡的抗争，有时选取相当可怕的题材，如女人拥抱着骷髅、葬礼、病危、病房等(图7.15)。《青春期》(图7.16)表现的就是少女对于性的觉醒和恐慌情绪，其身后巨大的阴影更加强了这一感觉。《**生命的舞蹈**》则采用象征主义的手法表现了人物形象从青年、中年到老年的过程，表达对生命流逝的无奈。

(2)童年的不幸经历以及**尼采哲学**和**弗洛伊德精神分析学**的影响，使得蒙克的绘画创作带有强烈的主观性和悲伤、苦闷的情调，人物形象往往都是在**忧郁、惊恐、彷徨**的状态下失魂落魄的**幽灵**，画面上**扭曲的线条**和**迷幻的色彩**充满神秘感。《**呐喊**》也是一幅表现人的极端孤独和苦闷，以及被自己内心深处极度的恐惧彻底征服的感受和情形的作品。人物形象扭曲变形、画面浓重强烈的色彩进一步渲染出紧张、压抑和不祥的预感。

★2.简述野兽派画家马蒂斯的艺术风格及代表作。

答题要点：

马蒂斯是野兽主义的领军人物。其艺术风格及代表作为：

(1)早期作品强调主观表现，为典型的"野兽"粗野风格：鲜艳色块的平涂和碰撞，粗放有力的笔触，扭曲夸张的造型。如《**戴帽子的妇人**》《**蓝色女人体**》等。

(2)后来，马蒂斯致力于追求一种和谐、纯粹而宁静的"安乐椅"式艺术风格，即采用有韵律感的线条、鲜艳色彩平涂的方式追求东方式的装饰韵味。代表作品有《红色的和谐》(图7.17)、《舞蹈》和《音乐》等。

图7.15
蒙克　《病中的孩子》
油画　119.5cm×118.5cm
1885—1886

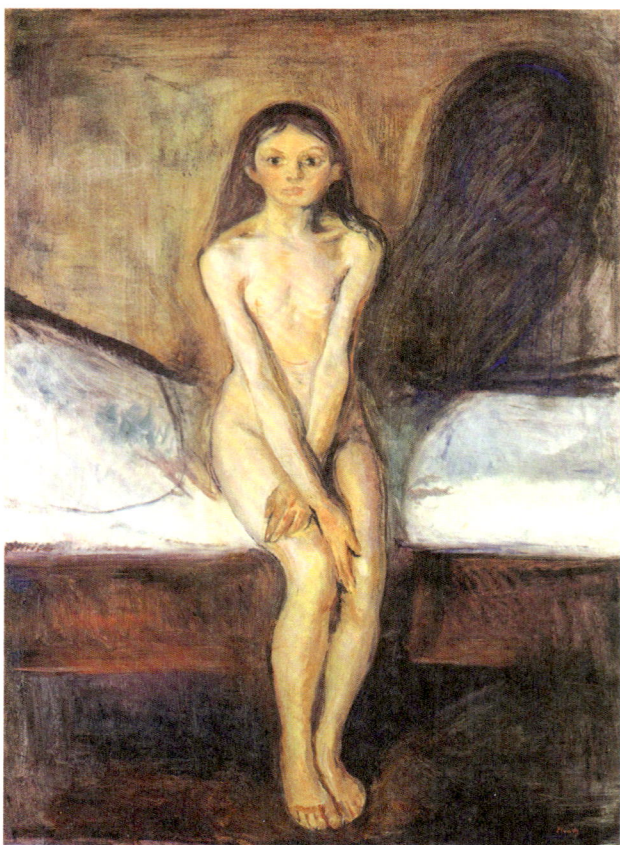

图7.16
蒙克　《青春期》
油画　151.5cm×110cm
1894—1895

图7.17
马蒂斯 《红色的和谐》
油画 180.5cm×221cm 1908年

3.简述立体主义的两种主要艺术风格及各自特点。

答题要点：

(1)立体主义的两种主要艺术风格：**分析立体主义**(1907—1911)和**综合立体主义**(1912—1914)。

(2)特点：

①分析立体主义注重将一个对象分解成多个视角的几何切面，并加以主观重叠、组合，形成抽象的、支离破碎的形体结构。

②综合立体主义则利用多种素材的组合和实物拼贴的手法去创造一个新的母题，使艺术接近生活中的平凡真实。

4.试分析比较"桥社"和"青骑士社"的异同。

答题要点：

(1)相同点："桥社"和"青骑士社"都是属于德国**表现主义**的社团，因此其基本艺术理念是相同的，即都强调**表现性**。具体到表现手法方面，作品中的色彩都比较强烈刺目。

(2)不同点：

①在**艺术理念方面**，"桥社"追求艺术家主观情感的表现，而"青骑士社"则注重主观精神的表现。

②在**风格面貌方面**，"桥社"一般呈现为变形怪诞的风格面貌，而"青骑士社"则一般呈现为简化的、抽象化的风格面貌。

③在**表现题材方面**，"桥社"的艺术家关注社会问题，善于表现社会中的丑陋现象，而"青骑士社"的艺术家并不关注社会现实，更多表现的是自然风景、动物等题材，关注表现自然现象背后的精神世界以及艺术的形式问题。

★5.概述达达主义的基本艺术理念。

答题要点：

达达主义是**第一次世界大战期间**产生于瑞士、随后流行于整个欧美的艺术运动，其成员主要是一些厌倦战争、怀疑现存社会价值的青年人，在**反抗和嘲讽社会**的同时，看不到社会的前途，具有强烈的**虚无主义**情绪。其基本艺术理念为：

(1)提倡否定一切，否定理性和传统文明，以玩世不恭的态度对抗社会现实和现存的价值观，提倡无目的、无理想的生活和文艺 (图7.18)。

图7.18
杜尚 《有胡子的蒙娜丽莎》
《蒙娜丽莎》复制品　1930年

(2)在艺术领域,达达主义者否定其他艺术流派在美学和艺术语言上的追求,认为艺术没有权威和经典,**一切皆可以颠覆和反叛**,也没有所谓的艺术与非艺术之分、美与丑之分,任何事物、任何形式都可以成为艺术。

可以说,达达主义者以其反传统、反权威、反美学、反艺术的姿态宣告了达达主义的基本艺术理念:艺术创作的目的不在于创造,而在于破坏和挑战。

★6.简要概述未来主义的艺术主张、艺术特征及代表艺术家。

答题要点:

(1)艺术主张

①未来主义热情**讴歌现代机器、科技甚至暴力,迷恋运动和速度**,赞颂工业文明,赞扬**机械的节奏速度之美**,企图用艺术来表现运动和速度,甚至时光的流逝。

②未来主义艺术家主张和过去传统截然分开,否定以往的一切文化成果和文化传统,鼓吹在主题、风格等方面采取新形式,以符合新的时代精神。

(2)艺术特征

①未来主义绘画深受新印象主义点彩技术的影响,画面色彩强烈而有闪烁波动的效果。

②未来主义绘画也借鉴了立体主义的形式语言,又与立体主义不同。立体主义是一种静止的几何构成,通过分解重构展示机械的静态美,而未来主义追求**运动**和**变化**,表现现代生活的喧嚣、狂热和快节奏,致力于在画面上阐释运动、速度和变化过程。空间不再存在,物体从不静止。

(3)代表艺术家:**巴拉、博乔尼、卡拉、塞维里尼**等。

7.试概述抽象主义的基本理念及发展时期。

答题要点:

(1)基本理念:抽象主义美术是对西方美术传统的彻底反叛。它把艺术活动看作纯粹精神领域的事情,把美术语言和形式因素看成**独立的价值实体**,主张以基本的绘画语言(点、线、面、色块等)和形式法则(如构图法则、形式美法则等)构成抽象的作品形象或纯粹的精神意象,借以表达某种意念、情感或美感倾向。

(2)发展时期：抽象主义美术运动大致可以分为两个时期。

①1910—1917年是抽象主义运动的酝酿时期，包括康定斯基"青骑士社"时期、俄国辐射主义、至上主义等。

②1917年以荷兰"风格派"的形成为标志，抽象主义进入发展时期，包括构成主义、青骑士四人社、包豪斯等。

8.试比较蒙德里安和马列维奇绘画风格的异同。

答题要点：

蒙德里安是荷兰"风格派"画家，马列维奇是俄国"至上主义"画家，二者都是抽象主义绘画"冷抽象"风格的典型代表。

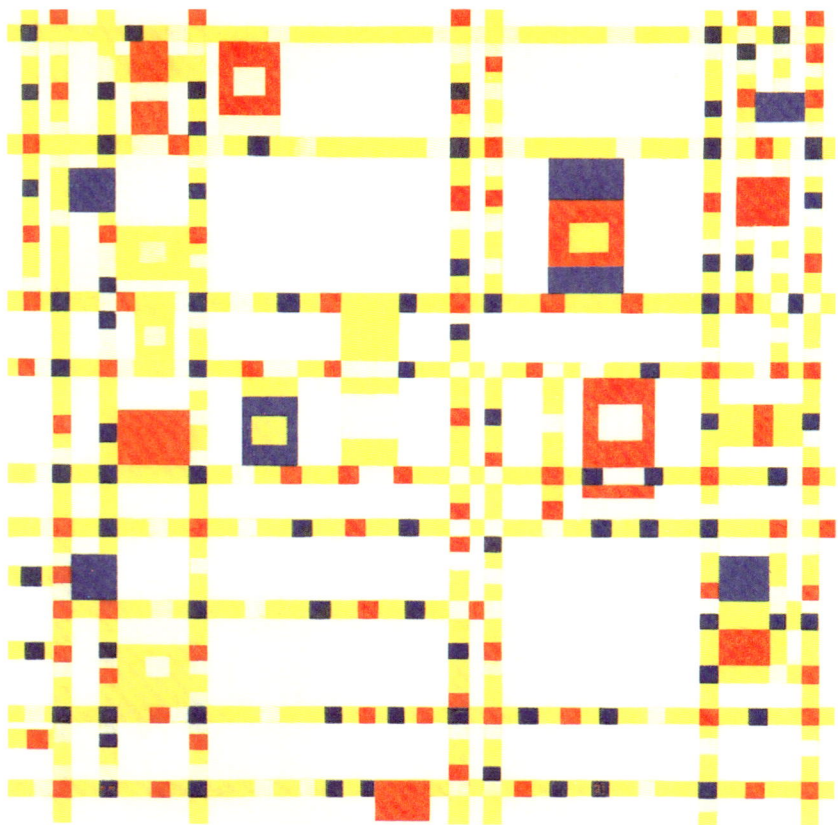

图7.19
蒙德里安　《百老汇爵士乐》
油画　127cm×127cm
1942—1943

(1)共同点

①二者都将对于题材、对于具体内容、对于可见的现实形象和艺术中对于现实的任何一般反映的否定推向了极致。

②主张以**基本的绘画语言**(点、线、面、色块等)(图7.19)和形式法则(如构图法则、形式美法则等)构成抽象的作品形象或纯粹的精神意象,借以表达某种意念、情感或美感倾向。

③二者都希望通过绝对的抽象还原宇宙的最终秩序,以达到否定纷乱的、相对的和罪恶的现实的目的,因而这种对于无物象抽象结构的热情都带有浓厚的神秘主义和乌托邦色彩。

(2)不同点

①色彩运用方面,蒙德里安的绘画多使用红、黄、蓝三原色,而把黑、白、灰作为"非色彩"放在次要位置;而在马列维奇的作品中,黑色正方形起着主导一切的作用,它代表了生气勃勃的至上主义的理想境界。

②画面形式方面,蒙德里安的画面非常具有理性和秩序感,而马列维奇的画面则在理性中带有一点活跃与生气。

9.分别概述莫迪利阿尼和夏加尔的艺术特征及代表作。

答题要点:

莫迪利阿尼和夏加尔都是巴黎画派的艺术家。采用具象手法创作,作品具有抒情性是二者的共同特征,但具体而言,二者的艺术特征各有特色。

(1)莫迪利阿尼的作品以肖像和女人体著称,表情多怠倦凄楚,人物形象经过适当变形和夸张处理,具有一种独特的优雅韵味;作品体积感不强,擅长用线造型,着重于一种有节奏的韵律感;色彩鲜明;作品往往含有低沉和哀伤的情绪(图7.20)。代表作有**《持扇女子》《仰卧的女人体》**等。

(2)夏加尔艺术创作的源泉主要来自对故乡生活的回忆和幸福生活的憧憬,在表现手法上受立体主义影响,以近似儿童画的富于幽默感和抒情性的表现语言,创造了浪漫、率真、充满梦幻感觉的独特画风。代表作有**《我和我的村庄》《生日》**等。

图7.20
莫迪利阿尼 《坐着的裸女》
油画 92.4cm×59.8cm
1916年

★10.简要概述超现实主义画家达利的艺术风格特征及代表作。

答题要点：

西班牙艺术家达利是超现实主义流派中"偏执狂批判"的典型代表。

(1)其艺术风格特征为：

①受弗洛伊德精神分析学说的影响，他主张将自己内心世界的荒诞、怪异加入或替代外在的客观世界。

②在实际创作过程中，达利采用分解、综合、重叠和交错的方式以及细致逼真的具象写实手法，使他的作品极具神秘感和诱人魅力。

(2)主要绘画作品有《永恒的记忆》《内战的预感》《耶稣被钉在十字架上》，雕塑作品《带抽屉的维纳斯》等。有些作品含有宗教的神秘感和色情因素。

11.简要概述超现实主义的两种创作手法及代表画家。

答题要点：

超现实主义在创作手法上主要有两类，即**"偏执狂批判"**和**"心理自动化"**。

(1)"偏执狂批判"，即执拗(niù)于非理性的思维方式，将在现实世界中本来不相干的事物安置在一个画面中，给人一种荒诞、怪异和梦幻之感。由该创作手法所产生的绘画面貌通常是写实的、逼真的。代表画家有**达利、恩斯特、马格利特**等。

(2)"心理自动化"，即打破理性和逻辑束缚，追求人的潜意识、意识流的随意性。由该创作手法所产生的绘画语言通常是**抽象**的、**符号化**的。以西班牙画家**米罗**为代表。

12.简要概括现代主义雕塑家布朗库西的艺术特征及代表作。

答题要点：

(1)出生于**罗马尼亚**的著名雕塑家布朗库西，早期作品受**写实主义**和**印象主义**影响，可以看出罗丹和罗素的痕迹，同时还受到马约尔的启发，致力于造型的纯粹性、单纯性与表现事物内在本质的联系。但在研究形的单纯性、纯粹性方面，布朗库西拒绝进入任何流派，从而保持了鲜明的个人风格。

(2)从原始和民间工艺中汲取营养，表现出古朴、稚拙的美。注重材料特性和质感的运用，并用现代意识加以融合和改造，形成形式简约、独具神韵的艺术风格。代表作品有《沉睡的缪（miù）斯》《波嘉尼小姐》《无尽柱》《鸟》等。

13.概述波洛克的艺术风格。

答题要点：

美国艺术家波洛克是**抽象表现主义**中"**行动绘画**"的典型代表。其艺术特色表现为：

(1)艺术创作打破事先构思的局限，自由地、无拘无束地表达内在意识，作品是艺术家精神和行为的记录。作品本身已不再重要，创作的行为和过程才是最重要的。

(2)在艺术实践中，波洛克将传统的油画从架上解放出来，直接将画布钉在墙上或铺在地上，在围绕画布四周走动的过程中，用棍棒、刷子等工具将混合了沙子、玻璃等物质的颜料泼洒向画布，从而形成由线条、泼色、滴色交织而成的颜色丰富且极具张力和视觉冲击力的画面。

(3)波洛克的行动绘画，摆脱了手腕、手肘和肩膀的限制，为尔后出现的西方**行动派艺术**开了先河。

·论述专项·

★1.试论述西方现代主义美术的特征。

答题要点：

西方现代主义美术一般具有如下共同特征：

(1)**背弃古典传统**。这是现代主义美术鲜明而共同的特征，主要表现为在艺术理念、表现手法、艺术风格和审美趣味等方面对古典传统艺术的反叛与背离。

(2)**张扬艺术家主体个性**。现代主义美术反对传统艺术对客观自然的模仿再现，强调艺术家主体和个性在创作中的表现。

（3）**创造个性语言**。现代主义美术强调艺术家主体的张扬，必然导致其艺术语言的个性化与多样性。

（4）**偏执独特艺术风格**。西方众多的现代主义流派和思潮尽管互有影响与传承，但每个流派都强调与其他流派的差异，坚持自己的独特风格。

（5）**热衷多样探索**。大多数现代主义艺术家不满足于一生仅从事一种艺术风格的探索，而是在表现手法、艺术风格甚至艺术理念等方面不断进行尝试与实验。

★2.试论述20世纪西方现实主义美术的特点和发展状况。

答题要点：

20世纪的西欧和美国，现代主义和后现代主义是发展主线，但现实主义仍然是该时期美术不可忽视的一个重要方面。

（1）特点：20世纪的西方现实主义美术在坚持用写实语言表现现实和人生这一基本原则的前提下，更加注重艺术家个人感受的表达，并吸收了一些现代派的表现技法，甚至在一定程度上与现代主义流派相结合，从而在新的历史条件下获得了新的发展。

（2）发展状况：20世纪的现实主义美术在第一次世界大战前至第二次世界大战后的半个世纪中，大致可分为两种思潮：一是主要活动于40—50年代、用新的现实主义语言反映社会矛盾和社会斗争的"**社会现实主义**"，代表人物是法国画家**富热隆**、比利时版画家**麦绥**（suí）**莱勒**等；二是第二次世界大战后出现的表现战争灾难和人民悲惨生活的"**悲惨现实主义**"，以**格鲁贝尔**、**毕费**为代表。

3.试论述康定斯基对抽象主义绘画的贡献。

答题要点：

康定斯基是西方持续了近半个世纪的抽象主义绘画的创始人之一，他对于抽象主义绘画的贡献主要体现在理论和实践两方面。

（1）艺术理论方面

①康定斯基认为，画家作为创造者，不应该把模仿自然当作自己的目的，而应该

追求对自己**内心世界**的表现，并由此而深入到对宇宙的内在和谐的体悟。

②**色彩和形式**是表现内心世界最纯粹的手段。

③他同时还认为，色彩的表现性和音乐的表现性是相通的，它们都是对人的内心需要的表达。

④在《论艺术的精神》和《点、线、面》《关于形式问题》等几部理论著作中，康定斯基不仅从哲学、心理学、美学等角度阐述了抽象艺术的精神实质，而且从艺术本身的角度对抽象艺术这一新的造型手段进行了分析。尤其是他的那本被誉为"现代绘画启示录"的书——**《论艺术的精神》**，更可以说是抽象绘画理论上的奠基之作。

(2)艺术实践方面

①康定斯基通过一次偶然的个人经历，认识到**"是客观物象损毁了我的绘画"**，从而决定对构成绘画的基本元素——形式和色彩进行探究，让它们无须借助于描绘外在的物象便能散发出自己的固有光辉；而这恰恰就是抽象主义绘画的开端。

②在康定斯基早期的作品中，原始的、装饰的鲜艳色彩仍占据统治地位，但从1908年开始，他的作品与现实形象的直接联系开始模糊起来，浓厚的色彩斑点压倒了对对象的感觉。

③1910年创作了第一幅完全抽象的水彩画后，色彩与不规则线条的组合便成为他抽象主义作品的典型特征。

④20世纪30年代中期，康定斯基迁居法国后，他的一些晚期的抽象主义作品中，稍微有些鲜艳的几何主义占了优势。

总的来说，康定斯基对抽象主义绘画的贡献可以归结为两点：一是他对抽象主义绘画的精神实质作了深刻的分析；二是他奠定了抽象主义绘画的某些基本原则。

4.试论述摄影术的发明与绘画功能的改变。

答题要点：

(1)在摄影术发明之前，几千年来的造型艺术都是用人的手直接摹写客观自然中的人、景、物。数万年前的洞窟壁画，数千年前的狮身人面像，数百年前的文艺复兴大师们的杰作，无不是通过眼睛的观察和手的劳动留下可供当时及后代观赏的画面，使陌生人与后代人能知道某景某人是什么样子，知道某个朝代和国家的国王、夫人及大臣们是什么形象。文艺复兴以后兴起的**肖像画便是承担这项任务的**。由此可见，在摄影术发明之前，绘画艺术一直是为一些实用目的服务的，艺术家的任务就是战胜事物存在的暂时性，为子孙后代留下物象的真实面貌。

(2)19世纪上半叶已经出现了黑白摄影技术，到19世纪下半叶又出现了彩色摄影。摄影术的发明以闪电般的速度征服了全世界，为各种制度下的掌权人物留影纪念的任务，不必再由宫廷画师们完成，基本上由摄影机承担下来。由于物理、化学、光学等科学技术的飞速发展，摄影也成了专门的艺术种类，成为向真实模仿自然的写实主义绘画挑战和竞争的艺术门类，并大有取而代之的趋势。正因为如此，从19世纪下半叶开始，艺术家纷纷开始寻找真实再现之外的艺术发展道路，探索摄影术无法仿效的领域。绘画艺术的功能不再局限于真实再现客观自然，而是强调用或抽象或表现甚至或逼真的手法去表达艺术家的个人情感、理念以及对客观自然的主观认识。

★5.后现代主义与现代主义相比，其观念特征发生了哪些改变，并举例加以论证。

答题要点：

与现代主义相比，后现代主义观念特征的变化主要有如下几点：

(1)从现代主义美术极端的自我性转向相对的客观性，从强调主观感情转向客观世界，转向对个性和风格的漠视或敌视。如照相写实主义、欧普艺术。

(2)后现代主义美术从现代主义的个体制作转为大量生产，从对工业、机械社会的反感到与工业机械的结合。如波普艺术、活动雕塑。

(3)从现代主义为少数人所理解的精英艺术转向主张艺术的平民化，广泛运用大众传播媒介，打破艺术与生活的界限。如波普艺术。

(4)后现代主义从传统艺术和现代主义的形态学范畴转向方法论，重视创作过程和观念，打破艺术与非艺术的界限。如抽象表现主义、概念艺术。

后 记

如何考好艺术史论基础课程？如何学好艺术史论基础课程？

如何教好艺术史论基础课程？学生不爱学史论课该怎么办？

如何考好艺术史论基础课程？艺术史论课是学科基础课，也是艺术类所有专业考研必考科目，其重要程度丝毫不亚于备受瞩目的"外语"；面对以罗列、陈述为主的"散淡"教科书和以名词、问答为主的"重点"考试题，同学们经常手足无措。

如何学好艺术史论基础课程？学好艺术史论课程必须要背，基本的知识储备是深入学习的前提，但是该背什么、该怎么背就是核心问题。学好艺术史论课程不止于背，更重要的是感受、体验、判断、思考、借鉴、转接的过程学习和价值、观念的综合提升。

如何教好艺术史论基础课程？大家都知道照本宣科教学效果不好，但是如何才能"教好"成为一个难点。课时有限而内容庞杂，理论知识的学习和专业创作能力的提高似乎永远对立而找不到一个解决办法。

学生不爱学史论课该怎么办？今天的青年学生更有主动学习的能力和途径，哪些知识该学，哪些可以通过"搜索"获取，他们有着准确的判断；快速发展的互联网搜索技术，传统的"填鸭"式教学面对海量的知识和永远"填不满"的学生完全失效。

面对这个变化的时代，我们该怎么办？

通过教学实践来看，他们一方面需要"少而精"的理论知识，依托这些知识实现"搜索"扩展和"路径"延伸，并以此应对那些非常重要的知识考试；另一方面，他们需要在课上以"专题"为限定，以头脑风暴和创作实践为主体，以大师、作品、观念、思想引领提高判断力和感受力为目标，实现艺术类专业院系史论教学的终极实践价值。

本着这样的实际需求，我们尝试建立一种课上学习和课下学习互动共进的分类分层教学模式，将教学课程设计为两个关键环节：（1）课下学习以学生为主体，自学由教师编写的教学资料——"知识要点与考试必备"，构建"信息导图"，复习核心要点和考点；（2）在课堂上抽取课下学习中的某些专题深入研讨扩展，并在作品分析和创作实践中进行检验提升，教师则把更多时间放在研讨控制和创作指导上。通过这样一个改革，教与学的过程变得简单高效，因为有了更多的时间进行作品、观念研讨与创作延伸，加上将理论学习付诸实践的热情，同学们在极短的时间内完成了一个又一个看似"不可能完成"的"任务"，课内专业创作先后获得各类重要奖项400余项，也重新认识了史论课程的价值。更令人欣喜的是，这些学生也大都以扎实的史论基础考入名校继续攻读专业研究生，以至于我们的"知识要点与考试必备"教学材料广为传播，成为各个院校众多考生应对考研艺术史论科目及学期课程考试的"宝典"。

本套系列书即是我们分类分层教学第一个环节"知识要点与考试必备"教学材料部分的完善和补充，我们相信：无论是作为课程学习还是应对各类考试，本书都会给予同学们极大的帮助。同时，我们期望更多院校选择使用本书，与我们一起探索艺术史论课程分类分层教学的规律，最终点燃艺术青年学习和思考的热情，指向创作实践更伟大的未来。

感谢各位艺术史论研究方面的前辈在本领域的创建，也要感谢选入作品艺术家的智慧创造。本书编写团队成员大都任教或毕业于各知名美术院校，感谢在学期间各位专家教授的言传身教，也感谢他们对本书编写工作的大力支持。书中部分图片的原始作者无法一一查清，未能列出他们的姓名，在此深表歉意，也希望他们能够与编者取得联系，以备再版时补足相关信息。本书也配备相应课件，使用本书作为课堂教材的学校，请授课教师进入重庆大学出版社官网，搜索本书书名获取。

我们努力做到最好，但是尚在路上，敬请指正。

编　者
2015 年 5 月